U0057949

創·意·的·寫·作·教·室

林建平　編著

編著者簡介

林建平

• 學經歷 •

國立台灣師範大學教育心理與輔導研究所碩士、博士

曾任國民中、小學教師

現任教台北市立教育大學心理與諮商學系

• 主要著作 •

整合學習策略與動機的訓練方案對國小國語理解困難兒童的輔導效果（國立台灣師大博士論文）

作文和繪畫創造性教學方案對國小四年級學生創造力之影響（國立台灣師大碩士論文）

學習與輔導－理論與實務（五南，民 86）

兒童輔導與諮商（五南，民 90）

毛　序

近世紀以來，知識日新月異，科技突飛猛進，傳統強調背誦記憶的教育方式廣受詬病，學校的教育開始「求新求變」，更具「前瞻性」，其主要任務不僅止於傳遞固有文化爲滿足，更應積極強調創新的功能；因此，教育必須培養學生創造思考的能力，才能面對未來充滿「挑戰性」、「暫時性」、「多樣性」及「新奇性」的社會。

創造思考能力的培養，可透過各種不同的訓練方式，從發問、作業、評量、自我訓練、研習、夏令營乃至培養學生創造思考能力的教學，從許多文獻顯示，均有很高的成功率。

創造思考教學或訓練的主要目的，在鼓勵教師改進教學方法，充實教學內容，以培養學生創造思考能力，因此在實施時宜注意下列要點：

一、提供民主的教學氣氛

教師在教學時，若繃著臉孔，不苟言笑，則教室的氣氛必會趨向緊張、嚴肅，而師生之間易產生一種壓迫感，學生不敢表達自己的想法，創造思考無由產生。因此，教師教學的態度必須和藹可親，時常笑臉對兒童，保持幽默，則學生上課如沐春風，必然勇於表達，相互激盪必可綻出創造的花朵。

二、悦納學生不同的意見，暫緩批判

許多教師在聽到學生不同的意見時，常會用自己的想法束縛學生，或給多傷害自尊的批評，造成學生不敢冒險提出和老師不同的意見，長久下來，學生的法，觀念都趨向一致，缺乏變通性及獨創性。事實上，最有創意及資優的學生，他們往往跟別人看同樣的事情卻能想出和別人不同的意見，只要老師能夠有接受學生不同意見的雅量，就能鼓勵學生創造思考。

三、提出一些開放性，沒有單一答案的問題

創造思考能力的增進，可採用創造思考的發問技巧，在國內已有學者證實。其基本原即在提出一些開放性及無單一標準答案的問題，以供學生思考反應。這種問題易引起學生應用想像力產生不平凡的回答。也容易適應學生個別差異，激發其學習動機。

四、允許學生從事獨立學習的工作

從國內外許多嶄露頭角，表現非凡的資優學生來看，他們的成就往往都不是老師教出來的，而是他們對某一方面特別有興趣，利用課餘時間鑽研的成果，他們知道如何獨立學習，尋找資料，解決問題。因此，教師在班級中若發現有特殊潛能的學生，則應允許其從事獨立學習的機會。平常教學時也可鼓勵學生在課後養成獨立學習的習慣。

五、不排斥學生的錯誤或失敗

許多老師在學生犯錯之後，常立即給多懲罰或責備，造成學生恐懼失敗的心理。人難免會犯錯，如能由錯誤中獲得啓示與經驗，更容易邁向成功的目標。我們讓學生有改進的機會，引導他們從錯誤中學習，從失敗中獲取經驗，最後，必定能從成功中獲得成長與滿足。

六、改進作業及評量的方法以增強學生創造的表現

教師心在指定作業及命題方面，不要完全以書本爲唯一的取材範圍，作業及命題應力求變化，計分應具彈性，充分運用擴散性思考的題目，鼓勵學生提出多種適切的答案，以增強其創造思考的能力。

七、與家長密切配合，充分運用社區資源

創造思考教學否有效，家長的支持與配合是重要的關鍵之一。因此，教師應多與家長溝通取得配合。有些家長曾表示，創造思考教學不但提高了孩子的學習興趣，而且也增進了親子的感情，在家長的配合下，學生學習的效果必可大爲提高。其次，充分運用社區資源以增廣學生見聞也是可行的方式。

八、教師應不斷充實自己，以提昇教學品質

實施創造思考的教學，並不是不要課前準備，相反的，由於師生共同的腦力激盪，教師面臨更多知識性的挑戰，唯有不斷充實自己，攝取新知，才能更有效的安排教學，提昇教學的層次。

九、奠定知識基礎，活用原則，推陳出新

創造思考並非無中生有，而必須以廣博的知識、經驗和健全人格爲基礎，結合舊經驗推陳出新，鼓勵學生活用原則，開放心靈，，把握目標，創新方法，同中求異，充分發揮自我的潛能。

十、注重創造的倫理，輔導正向的發展

創造的倫理指：(1)不違反法令和倫理道德；(2)提供積極正面的

教材；(3)引導正確的思考方向；(4)有所變有所不變；(5)激發大衆欣賞能力與態度。注重創造的倫理，才能把握「動中有節，亂中有序」的原則，也才能對己、對人、對社會國家有所幫助。

林建平君曾任小學教師，對於國小語文科教學，有豐富的經驗。自師大研究所碩士論文以寫作活動啓發學生創造思考的教學實驗後，更廣泛的搜集國內、外有關啓發學生創造思考的寫作教材。本文課實施創造思考教學，提供豐富的參考教材，誠爲一實用、有價值的啓發創造思考的有力工具。

茲值創造思考系列叢書付印之際，謹略述數語，是鼓勵，也是期待；同時也作爲序言。

毛連塭　民國七十八年一月十六日
於台北市立師範學院

自　序

創造力——是人類獨有的、卓越的特質。就是——它，使人類的文化提昇、科學日進、思想超越、生活更日臻完美。爲面對未來社會的變動性、新奇性、和多樣性，人類更需要靠創造、想像和機智，來迎接明日生活的挑戰。

以往的人總認爲，只有天才，才夠資格擁有此種能力，它像星空中的彗星，短暫且遙不可及。但近三、四十年來，心理學家們發現，每個人都具有這種能力，只是品質和多寡的問題。於是心理、教育的專家們，紛紛提出培養創造力的訓練及教學策略。國內自民國五十七年起，由賈馥茗博士首先倡導一系列的創造力訓練教學實驗工作。目前，在毛連塭博士的大力提倡「創造思考教學」下，帶動了教師從事各科教學的生動化、活潑化、多元化、自由化和創意化，使學生的思考更富創造性。

在各科教學中，作文是學生思考能力的表達工具，透過寫作活動，是啓發學生創意思考的最佳途徑。筆者自民國七十二年，碩士論文從事作文科的創造思考教學實驗研究之後，對創造思考教學的熱衷有增無減，五年來，陸陸續續的搜集國內外有關創意寫作活動的教學資料，隨時編寫成教學單元，並委託國小教師在班級教學中實施預教，檢討改進。如此，也發表了多篇創意寫作教學的文章，並有四篇獲選入台北市教育局及台北市國語推行委員會所編的「作文教學論叢」中。現在，把這些創意寫作的教學單元活動搜集，彙編成書。

本「創意的寫作教室」一書，分成兩大部份，第一部份——理論篇，專談創造思考的意義、語文創造思考教學，及創造思考和寫作的關係。第二部份——應用篇，提出「創意寫作教學的模式、創意寫作的十九種教學方式，及創意寫作的教學單元設計」。教師閱讀過第一部份，經過有關創造思考理論的薰陶之後，透過第二部份的這些教學活動的應用，可以培養學生的寫作能力，並啓發他們對問題的敏感性、思考的流暢性、變通性、獨創性、精密性；並具有好奇心、想像力、分析力、組織力和綜合力。

本書具有以下的特點：

1. 本書將創造思考教學的理論，落實於作文科的實際教學中。不同於市面上一般的作文參考書。
2. 本書非純粹的作文參考書，而是一本藉助寫作方式，啓發學生創造思考、開發兒童及青少年智慧的用書。
3. 本書適用於一般學生及資優學生，但對語文程度良好的學生（包括聽、說、讀、寫四種能力），更具有激勵思考的作用。

- 教師在作文教學中，使用這些創意的寫作教學單元，可使
  教學活動生動活潑；
  學生學習快樂有勁。
- 父母在家庭中使用這些活動設計，可使
  學生的家庭學習活動豐富多彩；
  親子關係更加親密和諧。
- 學生的小團體採用這些活動設計，可使
  教學活動化，寓學習於遊戲中；
  學生團體產生互動和凝聚力。

教師、父母人手一册，可用來引導兒童的創造思考能力。因此

，本書是：

教師作文教學的諮詢手册，

父母家庭教育的得力助手，

兒童彼此共同學習的良伴。

本書得以出版，市立師院毛院長連塭博士提倡創造思考教學，一直是精神的導師，引導筆者在創思教學中研究的方向。感謝師大教育學院陳院長榮華博士多年來給予筆者在創造思考教學研究上的指導。感謝陳龍安教授的支持、鼓勵與催促，本書才得以問世。感謝心理出版社許總經理麗玉及洪經理有道的慨允出書。

此外，內人鄭靜芬女士亦是本書出版的一大功臣。除了提供本書的許多教學單元外，並將本書的許多單元實際應用於教學上，考驗其適用性，提供了本書許多生動有趣的教學實例。

筆者才疏學淺，本書若有錯誤或不當之處，尚祈學者、專家、先進及讀者們惠予指教，不勝感激。

林建平謹識

民國七十七年教師節

目　錄

第一章
緒　　論

世界科學文明之演進，胥賴人類不斷的創造發明，日新又新的結果。如愛廸生發明了電燈，把整個世界帶向光明；工業革命機器的發明，改變了全世界政治、經濟、社會的型態，可見創造發明實爲文明演進和社會進步的原動力，它使人類的文化提昇、科學日進、思想超越、生活更日臻完美。

尤其，二次世界大戰後，超級工業革命使人類面臨一時性、新奇性、多樣性三種變動的衝擊，而感到無所適從（蔡伸章，民 61）。面對未來變動不居的社會，人類更需要靠創造、想像及機智，來迎接明日生活的挑戰（吳靜吉，民 65；呂勝瑛，民 71 ；陳英豪，民 71 ，Turner , 1978 ；Schleifer, 1981 ，Willman & Cutteridge, 1982)。Myers(1981)認爲，人類的創造力是一種卓越的、良好的特質，我們這個世界非常需要有創造力的思考者和領導者。

一個國家的繁榮與進步，有賴創造者的創新與改革，始克其功。一個高智商的英才，若未具創造力，亦只是守成有餘，未足以開創新局，貢獻國家。因此，創造才能不只爲人類文明進化的原動力，迎接未來生活挑戰所必需，亦爲國家繁榮進步所依賴。是故，世界各國莫不重視此類「人礦資源」的開發。1972 年美國有名的「馬蘭報告書」（ Marland Report ）即將創造力視爲資優的內容之一，具有高創造力者亦須接受國家資賦優異教育計劃之培育（ Sisk,

1932）。

許多研究者和理論家一再強調創造性對心理健康的重要性。Kubie（1958）認爲，創造力的積極自我統整力量是心理健康的基本要素，他相信只有高度統整的人，面對生活環境的改變，能適時適當地分析和重組他們的思想和行爲。Flach（1978）指出，在面臨壓力時，個人常需要改變對自己或對所處環境的知覺，這種彈性是創造過程的核心（Weinstein & Bobko, 1980）；也就是說我們需要具有創造的彈性，才能適應內在和外在的壓力。Rogers 在（Toward A Theory Of Creativity）一書中提到，眞正具有創造的適應，似乎是與千變萬化的世界並存唯一可能的方法（呂勝瑛，民71)，郭有遹（民72）認爲：從衆性、刻板性、以及嚴重的焦慮感、不安全感等病態人格變項，都與創造有負的相關。以上學者都強調了創造力對個人生活適應上的積極意義。

綜合以上所述，不論基於增進人類的福祉；促進國家社會的進步繁榮，乃至於維護個人生活的良好適應，發展個人的創造力實爲一重要的課題。

1950 年，Guilford 以心理學會（APA）主席身分，發表演講指出，自從「心理學摘要」（Psychological Abstracts）發行至 1950 年，已有 23 年歷史，但有關創造力的研究報告僅占千分之二（186／121000），引起心理學者對創造力研究的重視（Gilchrist, 1972）。1957 年蘇俄人造衛星首先發射成功，美國朝野震驚，紛紛檢討傳統教學的刻板，以致學生的智能未能得到啓發，乃提倡「開發人類能力」，重視學生創造力的啓發（歐陽鍾仁，民66）Mooney & Razik 估計，自 1950 年到 1964 年，有關創造性或創造力的論文著作已有四千一百七十六篇之多，研究結果相當可觀（簡茂發，民 71）。由這些有關的文獻中，可知創造力訓練計劃有很高的成功率，在近二十年來，創造力訓練及教學更成爲一個熱門的教育目標。

創造力既然如此重要，培養創造力的訓練與教學乃甚受國內外重視。當前國內提倡創造力訓練及教學有三個積極的意義。

㈠我國國家建設急需開發高級人力資源，在教育上有待加强配合培育創造人才

韋政通（民 71 ）曾提出，我國是一個開發中國家，要升級為已開發國家，所要做的工作千頭萬緒，但如何培養普遍的學習風氣與鼓勵觀念、知識的創新，應是其重點之一。孫運璿先生亦極為重視創造能力的啓發，他在台灣電力公司總經理任內，曾經以「創造性思考」為主題發表演說，勉勵同仁多研習新觀念（陳樹勛，民58）。我國企業界首先鼓勵員工創造發明，各公、民營機構大力推展創造性思考的腦力激盪術（ brainstorming ）、屬性列舉法（ attribute listing ）、形態分析法（ morphological analysis ）……等技術，以求在商場上不斷創造求新、奠定國家工業發展的基礎，有助於國家的經濟建設（陳樹勛，民 58 ）。

「創造力」既為國家社會繁榮進步的原動力，又為個人良好生活適應所必備的要素，因此教育上發展個人創造力值得國人重視。

㈡傳統敎學方式呆板，不利於開發創造性思考，有待新式活潑生動的敎學方法改進革新

在教育界，傳統的教學法使學校的教學呆板單調，教師只重「塡鴨式教學」，學生更以記憶背誦為能事，這不知扼殺了多少學生的好奇心、想像力和獨創性。此外，教師因囿於傳統觀念和教室常規，以為只有聰明且循規蹈矩者才是好學生，因此，對於多疑好問、不守常軌者每有憎厭之感。如此一來，學生不敢有發問和創新的嘗試（ Lytton, 1971 , Gilchrist, 1972 ）。

賈馥茗（民 61）在「發展創造才能的教學」一文中，卽沉痛的指出，我國目前的教育，把教人當成教課本；教學的目的只重升學；考試內容偏重記憶性題目。教學在升學與考試中兜圈子，不但達不到教育的目的，更不知摧毀了多少具有創造潛能的學生。處在如此的教育情境之下，爲了開發我國人力資源，發展國民的創造潛能，首需在中、小學實施創造性教學。

㈢各科創造性教學的教材教法，有待開拓發展

自民國57年起，經由賈馥茗博士倡導一系列之教學實驗工作（賈馥茗，民59，60，61，71），有關創造力的學術研究逐漸在國內發芽生根（林幸台，民62；徐玉琴，民64；吳靜吉，民65；張玉成，民72）。

毛博士連塭在台北市教育局局長任內，爲改進教學方法，培養學生創造思考的態度與能力，曾大力推行創造性教學，並積極進行觀念的溝通，創造思考教學方案的編擬。目前，如何在各科的教學活動中加強實施創造思考教學，仍爲國內研究創造思考教學的主要課題之一。

作文本身相當需要以創造的方式來表現。許多學者均建議以寫作來讓學生充分的表達他們的創造力。Williams（1970）在其創造性教學策略中，即建議以創造性寫作（creative writing）來促進學生的創造力。且在國中、小學課程中，作文並無固定的教材，教師可依創造性教學原則自由編選教材，比較不受劃一課程之限制。因此，作者企圖把創造性教學原則及策略，融入作文的教學過程中，編寫促進學生創造思考的創意寫作教學活動單元設計。希望能有效地促進學生創造思考能力的發展。

第二章
創造力的意義與內涵

「創造」(create) 一辭，在韋氏辭典中的第一個定義是「賦與存在」(to bring into being)(郭有遹，民 72)。在文獻中，常以「創造力」(creativity)一詞出現， 表示創造的行爲是一種能力，此種能力有高低之分。Torrance (1968) 在他的拓弄思創造思考測驗 (Torrance Tests of Creative Thinking) 中，則稱此項能力爲「創造思考能力」(creative thinking ability)， 強調其爲思考的一種。許多學者喜歡稱之爲「擴散性思考能力」(divergent thinking)、「生產性思考能力」(productive thinking)、「發明的思考能力」(inventive thinking)或「想像力」(imagination)(Torrance & Ball , 1984)。張春興、林淸山 (民 64) 認爲， 因爲擴散性思考能力，在思考歷程上旣沒有預定的方向和目標，也未必遵循傳統的方法，所以它是一種「開放式思考」。這些名詞雖不一致，但代表相同的意義，因此，本書中視這些不同的名詞，均代表「創造力」。

對於「創造力」的解釋，心理學者們因所持的理論觀點不一，而有不同的見解。

㈠視創造爲潛意識或前意識動機的行爲

心理分析論者從創造行爲的動機因素來解釋創造力。在佛洛伊德(Freud)的文章中，常提及創造者和創造的動機。他曾研究詩人和藝術家，特別是達文西和一些作家，從而發展出「昇華的概念」（ conception of sublimation ）， 認爲創造行爲乃潛意識中「性本能」轉移目標的一種「昇華作用」。佛氏認爲，創造行爲是兒童期遊戲的連續或替代。在人格發展過程中，創造乃幼年階段肛門期發展順暢，使長大後具有生產性、創造性。

Kris 認爲創造是自我功能的鬆弛或退化。他雖亦維持潛意識過程的說法，但更強調前意識過程在創造中的重要性，認爲此時一種突然的解決或靈感可能由此進入意識（ Gilchrist, 1972 ； 郭有遹，民 72 ；陳文雄，民 63 ）。

總之，心理分析論者都強調潛意識和前意識過程在創造行爲中的重要性，因此，主張透過自我功能的鬆弛和退化，來接近個人的潛意識和前意識世界，期使潛意識和前意識的創造性觀念被激發、展現，此時創造行爲得以產生。

㈡ 視創造爲觀念的聯結

觀念聯結論（ associationism ） 者認爲，個人的聯想愈多，則可產生更多的創造性思考。以觀念聯結的觀點來說明創造行爲的心理學者應首推 Ribot 。他認爲觀念聯結有兩種方式，一是連續性，此爲環境的再生（ reproduces of environment ）， 刻板而無創造性；二是相似性，乃類推的思考，對創造歷程特別重要。Mednick 認爲創造思考乃聯結元素以形成新的結合。Mednick 依其創造觀，編製了「遙遠聯想測驗」（ Remote Association Test ）。Lucretius 則以爲創造性思考是舊知識再集合之產品，創造的觀念只不過是已有知識之片斷結合而已（陳文雄，民 63 ）。

㈢ 視創造力爲普遍的心理能力

自我實現論者如：Fromm、May、Maslow、Rogers、Schachtel 等人，關心心理健康和不適應的問題，重視創造力在日常生活良好適應中的積極意義。Fromm（ 1959 ）認爲只要我們提供它適當的環境，創造力和玫瑰的萌芽與綻放花朵一般自然；Maslow（ 1954 ）視創造力爲人類的基本特徵之一，也是人類的潛能，他認爲只要兒童的創造力未遭破壞，自我實現者的創造行爲是自然且普遍存在的，大多數人均具有創造力，然而有些人的創造力在受教育和成長的過程中遭受阻碍；Anderson（ 1959 ）認爲 ， 創造力的特質是發展來的，每個個體均具此項特質；Torrance（ 1962 、 1963 、 1965 、 1967 ）亦認爲創造力是個人發展過程的結果，但他更強調文化因素對個人創造力發展的影響（ Alieldin , 1978 ）。

由於自我實現論者認爲每一個體都具有成長和改變的能力，所以創造潛能是普遍性的，創造力可能表現在任何個體所從事的活動，如人際交往、日常生活經驗等。可見「生活卽創造」，自我實現本身卽爲創造的過程。由此觀點看來，創造力對每個人來講，只是量的多寡問題，而非質的差別（ Gilchrist, 1972 ）。

㈣ **視創造爲問題解決的過程**

視創造爲一心理思考過程的觀念，源自Dewey 在 1910 年的「思維術」（ How We Think ）一書中所提 出的問題解決的五個步驟：⑴遭遇困難。⑵確立問題所在。⑶提出可能解決方法。⑷獲致結果。⑸驗證結果的正確性。Wallas（ 1926 ）認爲科學或藝術的創造均經由下列四個過程：⑴準備期（ preparation ）。⑵醞釀期（ incubation ）。⑶豁朗期（ illumination ）。⑷驗證期（ verification ）（ 張春興，民 64 ）。Qsborn曾提出創造歷程的七個步驟：⑴取向階段（ orientation ）注意並發現某一特定問題。⑵準備階段：蒐集有關資料。⑶分析階段：分析了解有關資料。⑷提出方案：儘量想出可能解決方案。⑸孕育階段：組織、消化並醞釀解決方法。⑹綜合階段：將有關資料統整歸納，釐出解決方法。⑺評鑑階段（ Qsborn, 1953 ；張玉成，民 72 ）。Torrance（ 1972 ）認爲，創造性問題解決過程包括下列五個步驟：⑴發掘問題和敢於面對問題的挑戰。(2)了解眞正的問題所在。(3)產生可行的解決方法。(4)評鑑觀念，選取最好的解決方法。(5)準備將這些觀念付諸實行。郭有遹（民72）認爲，創造是個體將一種或多種心智運用到內在或外在的材料上，以產生某種獨特而具有人生或文化價值的產品。從心智的作用到產品的產生需要經過準備、驗證、創作、公佈等過程，所以創造並不是一種單一的活動，而是一連串的過程。

(五)視創造力爲一組能力的特質

此種觀點源自智力測驗，認爲創造力亦可由測驗來鑑別其高低。Guilford 首創此類測驗來測量創造能力，他認爲創造性思考因素包括：對問題的敏感性（sensitivity to problem）、觀念的流暢性（fluency）、思考的變通性（flexibility）、新奇的獨創性（originality）、思考的複雜性（complexity）、綜合分析能力（synthesizing ability）、重組或重新界說（reorganization or redefinition）、以及評鑑（evaluation）等。一個人在這些創造能力的量上應有所差異，於是他發展創造力測驗來測量這些創造能力。

一九六八年，Guilford修正一九五〇年的若干觀點，提出下列五項創造的基本特質：思考的流暢性、變通性、獨創性、再定義、和精密性（elaboration）。一九七一年，則再修正爲問題的敏感性、分析、綜合、穿透力、流暢性、變通性、獨特性、再定義及精密性（Gilchrist, 1972；陳文雄，民63）。

Torrance（1965）定義創造性思考爲一個過程，在此過程中，個人對問題、缺點、知識的缺陷、遺漏的要素、與不和諧等有敏銳的感受力；進而辨明困難，尋求答案，從事猜測、或建立假設，並驗證假設，最後傳達其結果。他將創造力分成四個層面：流暢性（fluency）、變通性（flexibility）、獨創性（originality）、及精密性（elaboration）。

視創造力爲一組能力特質者，認爲創造力和智力不同，也應以不同的測驗來測量這種特殊的能力。目前在美國已發展出三十多種創造力測驗，其中最有名的首推Torrance 所設計的拓弄思創造思考測驗（Torrance Tests of Creative Thinking）（Davis & Scott，1971；Gilchrist，1972）。我國目前已修訂了拓弄思創造思考測驗四種：劉英茂（民72）修訂拓弄思語文甲式，吳靜吉（民70 a，b）修訂拓弄思語文乙式及圖形甲式，陳龍安（民72）修訂拓弄思圖形乙式。

㈥視創造性行爲是人格特質的表現

創造性人格特質是有關創造力研究中的一個要項，許多心理學者均提出高創造力者具有其特殊的人格特質。如Lytton（1971）指出，高創造力者是極其獨立自主的、非傳統的、支配的、開放且變通的、對工作專心、較喜歡複雜事物、不喜歡太簡化、表現女性的興趣、幽默、喜歡開玩笑等。Weinstein & Bobko（1980）在其研究中指出，創造性的人格特質也就是兩性化（Androgyny）的人格特質，這種人格特質比較能彈性接納不同意見、獨立自主、不介意社會的一般行爲模式、能自我充分發展。Schleifer（1981）認爲，高創造力者在人格特質上的表現有下列特徵：⑴較能忍受孤獨。⑵較具獨立自主的判斷能力。⑶重實證、反對專家和權威。⑷對各種知識有廣泛的興趣。⑸喜歡思索抽象的觀念。⑹對藝術和審美較有興趣。⑺較能自我接納。⑻較少焦慮。⑼思想具有高度個人主義和非傳統的趨勢。⑽具有打破傳統的冒險精神。⑾不喜歡受環境的控制。⑿對週遭事物較敏感。⒀較能持續且專心地工作。我國學者賈馥茗（民59）曾將創造性人格特質歸納爲下列五項：⑴不受約束的自由感。⑵較高的獨立性。⑶幽漠感。⑷鍥而不捨的堅執力。⑸有勇氣面對困難等。

㈦視創造力受社會環境因素的影響

社會環境論者認爲，兒童在肛門期受父母大小便訓練的影響，學到了順從、壓抑、固執和不敢去冒險等特質；創造行爲在能容忍不同的行爲和思想，甚至鼓勵各種異質行爲和思想表現的家庭中更容易產生；一般兒童較成人更具創造性，但年齡漸長大，在社會化的過程中，學到適應社會的期望和採取社會團體的觀念和價値，其自由探索的思想領域便大受限制（ Gilchrist，1972 ）。Torrance（ 1965 ）認爲家庭和學校在兒童創造力的發展中扮演著相當重要的角色，兒童創造力的是否持續發展，父母的鼓勵與懲罰扮演著相當重要的角色。有許多研究（ Dehlavi & Torrance，1979 ；Mackinnon，1963 ；Raina，1975 ；Walberg，Rasher & Parkerson，1979 ）指出，父母、教師和社會的鼓勵對兒童創造力的發展，似乎較之遺傳更重要（ Raina，Kumar & Raina，1980 ）。Williams（ 1982 ）則指出，學校和家庭對兒童創造力的影響可從圖 2-1 來加以說明：

在學校
＋

難管教的一群	非在家庭 在學校 －＋	在家庭 在學校 ＋＋	幸運的一群
非在家庭－			＋在家庭
順從的一群	－－ 非在家庭 非在學校	＋－ 在家庭 非在學校	挫折的一群

－
非在學校

圖2-1　創造力發展位置圖

（取自Williams，F. E. Developing children's creativity at home and in school，G／C／T，1982，21，p. 3）

㈠**幸運的一群**（fortunate group）

這一群兒童在家庭和學校，其創造性行爲均受到鼓勵，長大後足以維持其強烈的自我價值感和自信心，以表現更充分的創造力。

㈡**挫折的一群**（frustrated group）

這一群兒童在家庭，其創造性行爲受到鼓勵和栽培，一旦進入學校，碍於學校要求整齊劃一，不容持有異議，只好壓抑下他們的創造行爲。

㈢**順從的一群**（conforming group）

這一群兒童從小在家到進入學校，其創造的機會和經驗都被否定和剝奪，使他們長大後變得被動、悲觀和懷疑。

㈣**難教的一群**（rebellious group）

這一群小孩從小在家，其創造性行爲便遭到壓抑，到進入學校後才被期望表現創造行爲，則勤苦而難成。

有關探討影響創造力的社會環境因素之研究很多，如：教室的社會氣氛是開放式或傳統式對學生創造力的影響（Forman & Mckinney, 1978）；電視對創造力的影響（Peirce, 1983）；家庭娛樂和文化經驗對兒童創造力的影響（Wright, 1982）；社會文化、政治、經驗、戰爭對創造力的影響（Torrance, 1967；Gowan & Olson, 1979）；父母態度和家庭環境對兒童創造力的影響（Domino, 1979）。以上有關社會環境因素對創造力影響之研究，都說明了創造力可經由教育的過程而獲得增進，基於此一觀點，「創造性教學」的功用及價值可獲得有力的支持。

總之：教師從事「創造性教學」活動，應先了解創造力的意義和內涵，方可掌握「創造性教學」的原則，以上對創造力的不同觀點，正好提供教師這方面的理論基礎。心理分析論者提示教師應了解鬆弛、幻想並非完全不正常的行為，有時反而是創造過程中可能發生的現象，使教師更能容忍學生的教室行為。觀念聯結論者提供教師一些策略，運用學生具有的經驗，激發學生使其產生聯想、組合新觀念。自我實現論者認為學生的創造力是量的差異，而非質的差別，教師可在班級中促進學生的創造思考，引導他們從生活中求創造；而創造即是自我實現，如此不但可促進學生的創造力，還可教化學生人格的健全發展，可謂一舉兩得。特質因素論者視創造力為一組行為的特質，教師得以發展這些特質為目標，設計及實施創造性教學。依創造者有不同人格特質的觀點，教師可依人格特質來判斷一個學生是否具有創造的潛能，作為鑑定創造力的另一指標，提醒教師重視培養學生創造的態度和傾向。社會環境論者認為創造力可經由安排有利的教育情境予以培養及訓練，對於提示環境影響創造力的因素及各種教育方法貢獻良多，教師實施創造性教學時，應先了解環境對創造力的影響，方可在教學中排除阻礙創造力發展的不良因素，並佈置有利的教室情境，運用適當的策略，以增進學生的創造力。

第三章
語文創造思考教學策略

一、比喻類推的語文創造思考教學策略

戈登（Gordon）於1956年首創分合法（synectics）的創造思考技術，作爲工業界團體解決問題的方法，1964年開始試驗性的使用在教育上。其策略在使學生對熟悉的事物產生新奇感，而對新奇的事物加以熟悉。分合法通常使用比喻（metaphor）和類推（analogy）的技術。如：

1. 那一種動物和降落傘相似？爲什麼？
2. 眨眼睛和微笑，那一種比較強烈？爲什麼？
3. 雲和閒談，那一種比較快？爲什麼？
4. 圓形和三角形，那一種比較有趣？爲什麼？

上述這些題目，均可幫助學生奇思異想，做新的結合，以擴展他們的思考。又如：

1. 什麼顏色代表快樂？爲什麼？

甲生：深紅色的。因爲它是一種帝王的顏色，每個人當擁有君王之位時，都覺得非常快樂。

乙生：橘紅色的。因爲它是溫暖的顏色，所以它代表快樂。

2. 雪或是彩虹，那一種比較柔軟？爲什麼？

甲生：「彩虹比較柔軟，因爲一隻猩猩可以從上面滑溜下來。」

當學生第一次做這種思考力伸展的練習時，他們會覺得莫名其妙，亦會被這些需要聯想、結合的奇異問題所迷惑。對於幼稚園或國小低年級的小朋友，介紹他們使用繪畫的方法來表現這些的觀念，可能既生動、又活潑。

語文科如何應用三種比擬類推的方法教導學生（McAuliff & Stoskin，1987）

㈠**直接比擬**（direct analogy）

請學生去對照比較兩個事物或觀念。二者之間的差異愈大，此種對照比較愈有用。因為觀念伸展得愈大，學生愈有機會運用其聯想力去做創意的結合。

例如：

1. 什麼動物最像你？為什麼？

   一年級小朋友的反應：

   - 「我最像一隻小貓，因為我給人溫和的感覺，且我的運動衫像小貓的軟毛。」
   - 「我像一隻蜜蜂，因為我常繞著房子嗡嗡叫。」
   - 「我像一隻狗，因為我喜歡遊玩。」

2. 我像……（說一種蔬菜或水菓）？為什麼？

   六年級學生的反應：

   - 「我最像香蕉，因為我很高，而且我常和團體聚在一塊。我有微黃色的皮膚，我的外在是堅固的，但我的內在是柔軟的，看起來就像是香蕉一樣。」

3. 那一種生物像電動攪拌器？為什麼？

   六年級學生的反應：

   - 「一隻狗，因為狗經常惹事生非，就像是一臺電動攪拌器在攪動東西一樣。」
   - 「閒聊，閒聊常會惹事生非，就像攪拌器攪動東西一樣。」

在第一個例子中，請學生在兩個有生命的、會動的生物間做一適當的、平行的對照比較，這是直接比擬的最簡單的方式。第二個例子，以人和一無生氣的事物間作比較，是較爲困難的。因此，此種對照比較就需要更多的創造思考能力，因爲它是一種不尋常的比擬。

㈡**自身比擬**（personal analogy）

是一種擬情的認同於一個人、一棵植物、一隻動物、一種無生物或一個觀念。在自身比擬中，擬情的融入有四個水準。

1. 第一個水準：是以第一人稱描述事實，而非眞正的擬情的融入。例如，有一個學生試著認同於一隻熊，他寫道：「我是一隻熊，因爲我高大、肥壯，又黑皮膚。我有一件厚厚的軟毛外衣，我跑得不快，且喜歡冬天，這就是我爲什麼是一隻熊」。此描述僅僅表示他只認同於一雙熊的一系列表面特徵。
2. 第二個水準：是以第一人稱描述情緒，爲一系列情緒內容的事實的描述。例如，一個學生認同於颶風（旋風），他說：「我是一個颶風，因爲當我發起狂來，就到處衝撞，即使有任何東西阻擋我，我一概加以摧毀。」這兒表現的只是確定的情緒內容，但這些並非颶風所獨有，這些描述可能更適合來說明一個暴風、雷雨，或強風等。
3. 第三個水準：是認同於一種生物，既是情緒的、又是知覺的融入。例如：一個學生描述說：「我是一隻山羊，當我發起狂來，我就用角來撞人們。我喜歡跑和咀嚼東西，我只吃上等的草料。當人們想要傷害我，我就用頭朝他們撞過去，我的角叫他們永不敢再接近我。」
4. 第四個水準：是擬情的認同於無生命的東西。學生對會呼吸、會吃東西的有生命的生物去認同較爲容易，但對無生命的東西做認同，就較為困難。例如，一個學生做了如下的高水準的自身比擬：「我是一道彩虹，因為我常下雨和太陽同時出現，讓我來告訴你為什麼？我常常哭（易受傷害、容易悲傷），但我也是快樂的。我從不大發雷霆，因為我從未對別人眞正的發怒。我只會悲傷和哭泣，於是美麗的色彩消失了，然後我撒播著陽光。」

㈢**符號比擬**（ symbolic analogy ）

是一種兩個詞的描述，這兩個詞是相互衝突和矛盾的。它是一種令人驚訝的，獨特的結合。例如：無聊、興趣、混亂的學習；無用的貴重物品。這種比擬方式一般呈高水準的、具有內在衝突的。一個學生認為所謂的「無用的貴重物品」可能指的是別人給你一件貴重禮物，你並不眞正的喜歡，但你不忍心丟棄，因為，你很喜歡送禮物的這個人。「驕傲的困窘」，可能指當我穿一套新衣服，每個人都說我看起來很高貴。

二、語意的擴散思考教學策略

Guilford 對創造力研究的貢獻卓著：⑴他認為傳統的能力測驗很少關心創造力，激發人們對創造力的研究。⑵建議發展一測驗來測量人類的創造力。⑶認為創造乃人人必具的潛能，有別於智力，可經由教育過程發展之。

Guilford（ 1967 ）採智力多因論的觀點，利用因素分析和形態綜合的方法，把智力的結構分為內容、運作、結果等三個向度，其中內容有四種（圖形、符號、語意、行為）；運作方式有五種（認知、記憶、擴散思考、聚斂思考、評鑑）；以及六種結果（單位、類別、關係、系統、轉換、應用），此三個向度交互作用的結果，即構成人類的一二〇種不同的能力。

在 Guilford 的智力結構模式中 ， 以運作向度的擴散性思考和結果向度的轉換兩因素與創造性思考的關係最爲密切，其中擴散性思考，很多學者把它視爲人類的創造力。擴散性思考因素在單位、類別及關係等方面作用的成果，是流暢性的表現；擴散性思考與轉換因素間交互作用的結果，是獨特性的泉源；擴散性思考與應用因素間交互作用結果，是精進性的表現；評鑑與應用因素間交互作用的結果，是對問題敏感性的要素。創造能力並非單一因素所能解釋，舉凡認知、記憶、聚斂、擴散、評鑑等智能結構的運作因素，均作用於其間，相輔相成（ Guilford, 1977 ）。

Guilford（ 1967 ）依其智能結構模式，列舉二十四種擴散性思考的能力（包括四種內容和六種結果）（參見表 3-1 ），並設計擴散性思考測驗來測量這二十四種能力。

在二十四種擴散思考能力中，和語文有關的有六種語意的擴散思考能力。這六種能力的語文教學策略如下：

1. 語意單位的擴散性思考（ divergent production of semantic units ）：根據某一要意，想出許多概念或見解之能力。如：
   (1) 請列舉垃圾所帶來的問題；請列舉牙籤的用途。
   (2) 向學生提出一些事件，請他列舉每一事件的可能結果。如：人們不需或不想睡覺的可能後果？依學生列舉的反應量做爲評量本項能力的標準。
   (3) 提供給學生一個簡短的故事，請學生構想這個故事的題目，依題目列舉的多寡作爲評量的依據。
   (4) 請學生列舉一些平凡事物的可能用途，如依列舉磚頭、鞋子、輪胎、拐杖的可能用途之量的多寡來評量。
2. 語意、類別的擴散性思考（ divergent production of semantic classes ）： 根據某一要件想出多種類別概念之能力。如：

表3-1 基爾福擴散性思考（divergent thinking）能力的二十四個因素

內容層面 / 結果層面	圖形（Figural）F	符號（Symbolic）S	語意（Semantic）M	行爲（Behavioral）B
單位（Units）U	圖形單位的擴散性思考（DFU）	符號單位的擴散性思考（DSU）	語意單位的擴散性思考（DMU）	行爲單位的擴散性思考（DBU）
類別（Classes）C	圖形類別的擴散性思考（DFC）	符號類別的擴散性思考（DSC）	語意類別的擴散性思考（DMC）	行爲類別的擴散性思考（DBC）
關係（Relations）R	圖形關係的擴散性思考（DFR）	符號關係的擴散性思考（DSR）	語意關係的擴散性思考（DMR）	行爲關係的擴散性思考（DBR）
系統（Systems）S	圖形系統的擴散性思考（DFS）	符號系統的擴散性思考（DSS）	語意系統的擴散性思考（DMS）	行爲系統的擴散性思考（DBS）
轉換（Transformations）T	圖形轉換的擴散性思考（DFT）	符號轉換的擴散性思考（DST）	語意轉換的擴散性思考（DMT）	行爲轉換的擴散性思考（DBT）
引申（Implications）I	圖形引申的擴散性思考（DFI）	符號引申的擴散性思考（DSI）	語意引申的擴散性思考（DMI）	行爲引申的擴散性思考（DBI）

（本表取自Guilford，1967，p. 139）

(1) 請列舉動物園中的動物，並予分類。

(2) 請列舉舊衣服的用途，並予歸類。

(3) 請學生列舉磚頭的用途，並能加以歸出多種類別，類別愈多表本項能力愈高。

(4) 一件東西除了一般用途外，並請學生列舉它的不平凡的不同種類的用途，學生不平凡的用途反應愈多，表示愈具變通性。如磚頭除了建材用，尚可作爲打架、墊東西……等不同種類的不平凡用途。

(5) 列舉一些事物的名稱，請學生依其共同特性歸類愈多類目愈好。如：事物的名稱：①箭，②蜜蜂，③鱷魚，④鯊魚，⑤風箏，⑥帆船，⑦麻雀，學生歸類可能如下：(1)可在空中活動的：①②⑤⑦，(2)可在水裏活動的：③④⑥，(3)動物：②③④⑦，(4)有尾巴的：③④⑤⑦，(5)(6)……等。

3. 語意、關係的擴散性思考（divergent production of semantic relations）：根據某一概念，想出各種不同事物或關係的能力。如：

(1) 行星對太陽系就像父親對（家庭）。

(2) 請寫出「努力」的相似詞。

(3) 給學生一些字、詞，請學生寫出其相似的字、詞。如「勤勞」的相似詞：________。

(4) 給學生一些字、詞，請學生寫出其相反的字、詞。如「誠實」的相反詞：________。

(5) 提供學生一些事物，請他根據事物間的關係作比喻。如：他的嘴巴笑起來，寬得像________，甜得像______。

(6) 提供學生一些名詞，讓他做一些事物間關係的類推。如：

運動家之於學者，就如肌肉之於＿頭腦＿。
運動家之於學者，就如練習之於＿＿＿＿。
運動家之於學者，就如體育館之於＿＿＿。
運動家之於學者，就如一局之於＿＿＿＿。

4. 語意、系統的擴散性思考（ divergent production of semantic sysetems ）： 將語言、文字組織成有系統的結果。
   (1) 請學生用「我、生、大、到」四個，並按其順序，造一個有意義的句子，如：「我生日的那天，大伙兒都到齊了」。
   (2) 請學生以「ㄍ、ㄐ、ㄗ、ㄅ」四個聲母，並按其順序造一個有意義的短句，如：「哥哥今天怎麼不理人」。
5. 語意、轉換的擴散性思考（ divergent production of semantic transformations ）：將語言、文字或圖形，依其意義以語文方式轉換成不同產品，它是一種獨創性的表現。
   (1) 有五〇個刺激字，教師逐字唸，每唸一字後，五秒內請學生寫出對這個字的反應。評量這些反應字是否新奇、稀罕、獨特且有意義。
   (2) 請學生列舉一件不平凡事物的可能結果，列舉的結果愈奇特本項分數愈高。如：假如每個人突然眼睛都變盲了……，學生的反應可能很多，反應量算 DMU 的能力，如：會跌倒、不能閱讀，若反應中屬稀罕獨創的算 DMT的能力，如：電燈和電力公司將破產，以前的盲人都變成領導人物，……等。
   (3) 提供學生三個名詞，請他們用一個適宜的字，加在這三個名詞的前或後，均可形成另一有意義的名詞。如：「

草、柏林、紙」，加上牆字，變成「草牆、柏林牆、紙牆」。

(4) 提供學生一篇故事，請學生去構想這篇故事的一些比較聰明、有趣、獨特的標題。

(5) 提供學生一些卡通圖片，這些圖片可能來自各種雜誌，請學生為每一張卡通圖片寫出一句代表此張圖片意義的一針見血的詞句。

(6) 提供學生謎語，讓學生去猜，愈會猜者，表其愈能將二件事物做轉換。如：四季如春猜一地名，好戲上場猜一地名，視而不見猜一字，自言自語猜一字……等。

(7) 提供學生一些雙關語（俏皮話）讓學生去做意思的轉換。如：禿子理頭髮，多此一舉；棉花店失火，免談；厠所上撐桿跳，過份；閻王爺寫日記，鬼話連篇。

(8) 用一些簡單的線條或圖形，請學生用文字寫出其意義。如：　、　……等，各代表何種意義。或提供一組圖形，請學生說出或寫出其所欲表示的概念。如：下圖均表示：＿＿＿＿＿。

6. 語意、引申的擴散性思考，(divergent production of semantic implications)：將語言、文字材料加以引伸、擴展及應用，是一種文字的精緻、或語言概念的精益求精。如：

(1) 提示學生一句話，要他們以此為開頭去編一則故事。
(2) 假如你的錶慢了一小時，而你不知道，請說出可能發生的新鮮、有趣的後果。
(3) 提供學生一問題情境，請他們儘量寫出解決此一問題的組織計劃，並力求計劃的周詳。如：員工對工作厭倦的問題。其改進員工工作士氣的方法有：設計咖啡時間、休息時間的實施、交換工作內容……等。
(4) 提供一計劃大綱，請學生將此計劃周詳化、精緻化。
(5) 給予一個圖形設計或文字，請寫出和此圖形或文字有關的人或職業。如寫出和火、水、花有關的人或職業，寫出和 ☼ （電燈）有關的人或職業。

三、聽、寫、說的語文創造思考教學策略

波利(Poole, 1980)認為，每一學生天生的具有好奇心，想像力、和創造力。教師的角色是設計能培養和擴展兒童創造潛能的課程經驗。當課程科目的界限打破，教師提供學生交叉的課程經驗，這種課程的任何領域均可促進每一個別學生創造力的發展。

國小兒童在學校中的所有課程領域中，均使用到語言。語言常強調聽、說、寫。有時在學校的形式主義中，使語言的神奇和活力喪失殆盡。教師能透過學生對語言的熱衷，利用聽、說、寫的領域，促進兒童創造力的發展。借助一系列使用語言的課程設計，來培育兒童的創造力。以下說明教師如何利用語言課程領域的聽、說、寫來發展兒童的創造思考能力。

(一)說話的創造思考教學

1. 文字遊戲（ word play ）：兒童似乎天生的喜歡文字遊戲，兒童早期讓他們多聽兒歌和兒童故事，可以引導每個小學生喜好謎語、笑話、和急口令。教師鼓勵兒童自己發明笑話，互相製造綽號，創造彼此通信的密碼或信號，互相猜謎，反覆吟誦優美的文句……等。可以培育兒童的創造力。
2. 指出事物名稱（ naming objects ）：讓兒童指出週遭的一般事物、特殊事物、或特定地方的事物名稱，此種遊戲可以發展兒童的流暢力和分類的技巧。猜事物名稱的遊戲是老師把一件東西藏在盒子或衣箱中，讓小朋友使用嗅、聞、重量、或感覺等，去辨認事物的名稱。
3. 敍述經驗（ relating experiences ）：所有年齡的兒童都精於向同輩好友談及自己的經驗。教師可請學生單獨對老師或全班同學敍述親身體驗的事情，以增強兒童口語敍述經驗的能力。若教師並能適時給予引導提示，對學生組織其經驗和思考清晰的表達有莫大的助益。例如：「你是不是可以告訴我們更多有關……」，以協助學生重新對當時的經驗反應。教師亦可利用圖片、影片、和海報等，作爲刺激材料，以描述兒童一般的經驗，然後請兒童敍述他們以前曾經歷過的相似的經驗。
4. 描述（ describing ）：對於一件事物的簡單描述和分類，教師鼓勵學生對此一相同背景的事物做時、空轉移結果的描述。例如：五十年後的幼稚園設備。此方法可以增強兒童的統整力和想像力。
5. 想像的口語表達遊戲（ imaginative verbal games ）：教師鼓勵兒童玩語文遊戲，以刺激他們的想像力。

(1) 你是否記得女巫住在小山上？怪物住在海裏？小男孩的眼睛把大人們變成了石頭？

(2) 兒童能自編自說故事，或團體圍成圓圈，以接力的方式合編合說一個故事。

(3) 你是否看過一枝槍？一顆流星？一個妖精？一篇冗長的官樣文章？告訴我，它像什麼樣子？這種方式可以建立兒童想像的語言和描述的溝通的技巧。

(4) 你身體彎曲、身體轉一圈、固定不動、蛇行一番、快轉一圈，你的感覺如何？

(5) 回憶一下「苦」、「甜」、「乾」、「熱」的滋味如何？

(6) 觀察小鳥翱翔飛行、猛投、著陸，學習、體會、表演小鳥半空懸掛；被暴風雨襲擊的動作。

(7) 探索泥濘、黏土、砂子、土壤、綢緞、粗棉布、丁尼布……等的組織構造，你感覺如何？

6. 資料的引導（ going beyond the information given ）：教師幫助兒童超越資料的特定項目以建立觀念，可採取許多不同的策略來達成目標。教師和兒童均可用下列不同的策略：

(1) 拋出新觀念。

(2) 尋找問題的解決。

(3) 潤飾別人的觀念。

(4) 以「只是假想」或「假設」的方式思考。

(5) 請學生以不同的方式思考或處理資料，並做資料的引申。例如：「你認爲他的觀念將實施，那你的看法如何呢？」、「你認爲這樣做可以嗎？」、「你能找到任何人幫忙嗎？」

(6) 請學生對其他同學解釋玩具、謎題、遊戲、玩法、並思考設計相似的遊戲或謎題。

(7) 思考人際關係問題的解決辦法，例如：「明天班上會有一位新轉來的同學，我們要怎麼樣讓他感到在這個班級很愉快，且有賓至如歸的感覺。」，又如：「林小平你最近很專橫，我們一起看怎麼樣幫你改進這個問題。」

7. 社會遊戲（ social play ）：兒童在學校、家中、遊戲場的遊戲中，獲得許多的經驗，這些經驗刺激他們去告訴他們的朋友、老師、父母，有關發生的一些事情。

教師可請學生在教室中談論他們的遊戲經驗，或者是對這些經驗的幻想。

8. 戲劇（ drama ）：社會遊戲是和自由戲劇表演相關聯的，「自由戲劇」表演可能較「正式戲劇」更能釋放兒童語言的創造力。

9. 豐富兒童的經驗（ experience enrichment ）：我們把兒童介紹到一個廣泛的多種的新經驗，可以豐富兒童的字彙、和刺激兒童以語言表達其想像力。

10. 使用備用的語言發展教材方案：許多備用的語言發展教材方案，可用來刺激兒童創造的使用語言。這些方案在內容和技巧方面均相當的好。例如：畢保德語言發展教材（ Peabody Language Development Kits ）的每一單元，均包含二或三個下列各種不同形式的語言活動：

(1)活動時間　(2)腦力激盪時間

(3)分類時間　(4)會話時間

(5)批判性思考時間　(6)描述時間

(7)戲劇表演時間　(8)接受命令時間

(9)猜謎時間
(10)認同時間
(11)想像時間
(12)聽的時間
(13)看的時間
(14)記憶時間
(15)啞劇時間
(16)模仿時間
(17)關係時間
(18)押韻時間
(19)說話能力發展時間
(20)加速時間
(21)故事時間
(22)觸摸時間
(23)字彙建立時間

這些方法配合語文課程使用，可以有效的培養兒童的創造思考能力。

(二)寫作的創造思考教學

此部份在本書第五章，透過寫作啓發兒童創造思考的教學方法中，有詳細的敘述。

(三)聽的創造思考教學

1. 聽兒童文學作品：教師以優良的兒童文學作品爲教材，唸給小朋友聽，這樣可以伸展兒童的想像力和開拓他們想像地聽的能力。文字和聲音的魅力，激發兒童心中的意像，刺激他們對故事中角色的認同……這些均能刺激兒童深鎖在心中的創造性傾聽的結構。
2. 戲劇：請兒童把特定事件的結果改編成戲劇，可以發展他們的想像力和對聽者的態度。若是演說者或演員，偶而也扮演著看聽者的角色，有助益深入了解說者和聽者間的人際溝通系統，此角色取替的主動傾聽，可使一個人的反應更加正確和富有想像力。戲劇的經驗是特別重要的，因爲它是說話、姿勢和動作的綜合。
3. 音樂：播放各種動物、汽車、動作、歌曲的聲音，使兒童能創造地聽，並可請兒童把聽到的內容，用繪畫、說話、寫作等不同方式，很有創意的表現出來。

4. 未完成故事：教師閱讀未完成的故事給學生聽，請他們以想像的、幽默的、悲傷地，或幽靈般的方式完成故事。這種方式可以鼓勵兒童主動的去聽和練習他們的想像力。
5. 家庭遊戲：兒童的語言經驗首先來自家庭中聽大人講話。這些學來的語言是早期和同輩社會化遊戲的基礎。因此，家長應鼓勵小孩學習聽大人講話，其中大人講故事、閱讀故事給小孩聽，可說是促進兒童創造的知能發展的最根本方法。
6. 講故事：鼓勵教師和學生互相講故事給對方聽。聽故事時，還要學習對說者非語言溝通線索（眼的接觸、身體動作、聲調和音調等）作反應。
7. 使用視聽器材：收音機、錄音機、電視均可使用來作為發展聽的知覺。可把兒童自己的故事、父母的故事、教師誦讀或講的故事全部錄下來，放給兒童聽。亦可使用相同的方法，選錄收音機或電視節目給小孩子聽。

要創造一個語文創造思考教學的氣氛，教師應具下列觀念：

1. 自發性的說和寫象徵自由創造力，但這並不意味要把形式和結構推翻。
2. 創造性聽、說、寫技巧的教學，需要兒童取向的教學甚於教師取向的教學。
3. 教師必須認知與情意並重。
4. 教師必須創造一個有助益自發性和好奇心等創造行為繁茂成長的教室氣氛。
5. 應以各種不同形式，同時發展聽、說、寫的技巧，且應透過科目範圍內實施。
6. 教師在創造思考教學中扮演一重要的角色。但若過度幫助兒童，反而阻礙他們自己創造的經驗。教師給予一些系統的幫助亦可能對兒童產生誤導，因為太有系統的教材和教法，減弱了兒童的好奇心和想像力，以致阻礙了兒童，且拘束了兒童的創造潛能。

7. 在教養和伸展兒童的創造潛能上，教師本身的創造力和機智橫溢是一重要的部分。

8. 不同的方法和各種方法的合併使用，能對不同的兒童，造成相同的目標。

第四章
寫作的心理歷程與作文教學

寫作是用文字來表達個人心中的思想和情感。其透過邏輯的思考、適切的用字遣詞、正確的文法、適當的標準符號，用筆或電腦文書處理作業，寫出句子，形成段落、進而構成一篇完整的文章。在國小語文科教學中，包括聽、說、讀、寫，作文是其中的一個主要領域。作文和說話有共通處，二者均司傳達自己的思想和情感。但兩者間的區別在於說話是以語言表達心中的觀念，而作文則用文字寫出來；說話可能隨興說出，未經整理，所謂：「一言既出，駟馬難追」，無法事後更改，而作文則往往經過構思、佈局、修飾和校閱等等步驟才算完成。寫作和閱讀則在某些方面恰好相反，寫作是寫出個人的觀點，而閱讀則是去了解別人所寫出的思想和觀念。國小作文教學的目的在於：(1)培養學童的寫作興趣；(2)訓練學生寫作的基本能力；(3)培養學生透過文字表達自己的想法和情感的能力。

一、寫作的心理歷程

在探討作文教學中，教育專家們可能會問的一個問題是「寫作的歷程為何？」。國外學者在回答這個問題上有不同的觀點。Elbow（1974）將寫作過程分為：(1)勾繪心中意念（figure out your meaning）；(2)將意念轉換成文字（put it into language）兩階段。Applebee（1979）將寫作過程分為：(1)寫作前（prewriting

）；(2)寫作（Writing）；(3)修改（editing）三階段。Britton（1978）分爲(1)預備（preparation）；(2)蘊釀（incubation）；(3)下筆的文（articulation）三階段。Legum & Krashen（1972）主張寫作過程包括四個主要成份：(1)形成觀念（conceptualizing）；(2)作計劃（planning）；(3)寫作（writing）；(4)修改（editing）。Draper（1979）則提出寫作的五階段模式：(1)寫作前（prewriting）；(2)構思（formulating）；起草爲文（transcriping）；(4)再構思（reformulating）；(5)修改（editing）（張新仁，民 81）。國內蔡榮昌（民 68）將寫作過程分爲審題、立意、運材、佈局、修辭等五階段。陳鑫（民 75）分爲：命題、審題、立意、取材、剪裁、佈局、擬綱、下筆等八項。林國樑（民 77）則包括：確立中心思想、運思、蒐集資料、擬訂大綱、各自寫作和審閱等六階段（張新仁，民 81）。

隨著認知心理學的發展，目前許多認知心理學者已開始深入探討寫作的心理歷程。他們對上述學者們所提出的寫作過程提出如下的批評：(1)過於簡化寫作的心理歷程，(2)只描述寫作的外在活動，並未深入詳述寫作的內在認知歷程(3)寫作歷程並非如所述的以直線循序進行，而是一反覆循環的歷程。認知心理學家們以「有聲思考原案分析」（thinking aloud protocol analsis）的方式來研究寫作的心理歷程，其方式是訓練寫作者，在寫作時說出他們寫作時的思考歷程，研究者並加以錄音，再將錄音的內容轉寫成文字，即所謂的「原案」（protocol），並以分析原案來了解寫作的心理歷程。其中以 Flower & Hayes（1980）所設計出的寫作歷程模式最常爲人所引用，以下茲加以介紹（詳見寫作歷程模式圖）：

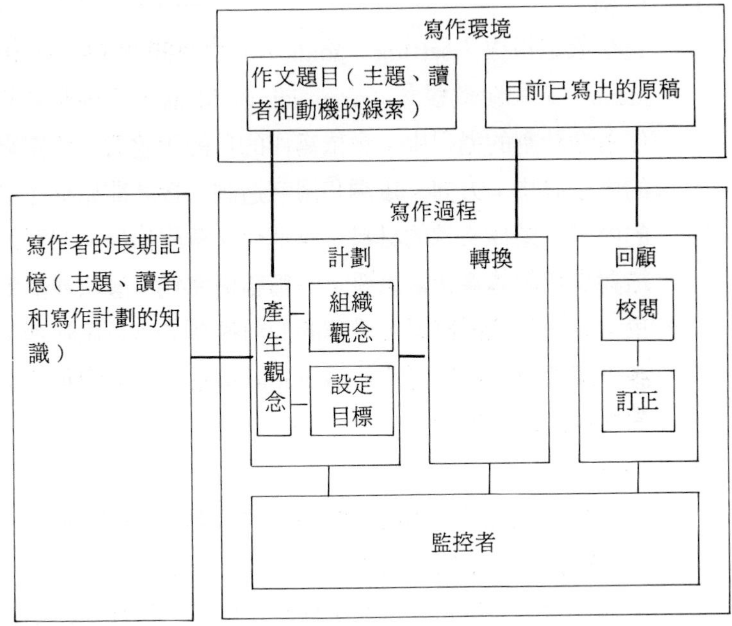

寫作歷程模式圖

（取自 Flower & Hayes, 1980, p.11）

此模式主要包括三個層面：

㈠**寫作環境**（the task environment）

指的是作者寫作的題目及目前已寫出的文章內容。其中作文題目包括了主題、讀者和激勵寫作的線索。

㈡**寫作者的長期記憶**（the writer's long term memory）

係作者的長期記憶中，所儲存的有關作文題目、讀者及寫作計劃的先備知識。當然作者寫作的基本知識，如文法、造句、字詞、標點符號、文章結構等方面的知識，亦儲存於長期記憶中。

㈢**寫作的過程**（the writing process）

寫作的過程包括：計劃（planning）轉譯（translating）和回顧（reviewing）三個要素。

1. 計劃

包括設定目標（setting goals）、產生觀念（generating ideas），和組織觀念（organizing ideas）三個要素。即作者在計劃的過程中，會依寫作的目的和讀者，決定寫作的中心思想、方向、筆調和用字造詞。接著開始構思文章的內容，選擇文章的材料，及進行文章的佈局。文章的組織對文旨的傳達非常重要，一篇結構完整、層次井然的文章，其句子間的凝聚及段落間的前後連貫、首尾呼應，可減少讀者「工作記憶」（working memory）的負擔，促進文章的理解與記憶。

2. 轉譯

指的是下筆爲文，將心中的觀念和想法正式寫成白紙黑字，或打在電腦終端機上。文章的起草爲文，作者需具備字詞、句法、造句、文法、標點符號……等作文的基本知識。轉譯包括五個要素：⑴書寫；⑵造句；⑶語意；⑷組織；⑸文脈。

3. 回顧

指的是校閱已寫出的內容，決定是否已達成寫作的目標，並對不滿意的部分加以修改。

依上述的寫作模式，寫作時作者會依「寫作環境」中的作文題目和作者已儲存於「長期記憶」中的知識決定了「寫作計劃」。透過計劃的設定目標、產生內容及文章佈局，作者即起草爲文，輸出寫作的產品。寫好的文章內容並透過回顧的過程，隨時加以檢查及修改。然而整個寫作的過程，從計劃、轉譯到回顧，並非以一直線的順序前進。計劃訂出來可加以訂正，以求精緻；在起草時亦可一面寫一面修正；甚至只要想到一個觀念，均可隨時加以評估及修改。故回顧在計劃、組織、轉譯等階段均發生。此外，整個寫作過程的執行控制，如什麼時候開始計劃，何時下筆爲文，寫作技巧的選擇及對文章的偵錯和修改，均由個人的後設認知所監控。

二、作文高手生和生手在寫作歷程上的差異

經由前述專家學者們對寫作歷程的分析，許多研究者開始比較寫作高手（expert）和生手（novice）在寫作過程上的差異，以便作爲作文教學的參考，有關的研究已顯示二者在寫作過程的計劃、轉譯和回顧能力上有區別（Gagne', 1985；Mayer, 1987）。

㈠計劃階段

1. 設定目標

   作文高手在寫作時，專注在如何構思佈局，以溝通、傳達文章的主旨；作文生手則只一味的堆砌素材及專注在用字遣詞、拚字及標點等細節上。

2. 產生觀念

   作文高手對文章的主題所產生的觀念較多，故其文章內容較充實；相反的，作文生手所寫的文章，內容較貧乏。作文生手的寫作內容貧乏，其原因可能是欠缺資料，故易產生「江郎才盡」。此外，在起草時即要求完美，不容許自己在基本寫作規範上有所差錯的作者，如此反會限制了寫作的觀念的產生。

3. 組織觀念

   作文生手在寫作時常會誤用指示代名詞、連接詞而失去句子的凝聚。而作文高手較常使用文字的佈局來建立句子間的凝聚，而作文高手的寫的文章前後連貫，首尾呼應；相對的作文生手的文章則前後句子失去連貫性。

㈡轉譯階段

在此階段，寫作高手的拚字、造句、文法、標點符號等寫作基本能力達自動化，有助益作者把注意力投注在文章的凝聚及連貫上，而作文生手的寫作基本能力未達自動化程度，故寫作時必須花大量時間在拚字、用字遣詞、文法、標點符號等瑣碎的細節上，影響了他們文章內容的品質。

㈢回顧階段

作文高手能辨認文中的錯誤，及較能訂正這些錯誤；而作文生手雖也能辨認文中的錯誤，但較未能成功的訂正他們的錯誤。在訂正的形式上，作文高手更傾向於修文章的文體、組織結構；而作文生手則傾向用字、拚字、文法、標點等作文基本規範的修改。

三、寫作教學

依據上述的寫作模式中的各層面，我們可進行下列各項的寫教學。

㈠長期記憶的層面

作者長期記憶中的知識和經驗直接影響寫作的計劃。一個欠缺知識和經驗，腦中空空的寫作者，焉能寫出一篇內容充實、生動的文章。故寫作教學首要豐富學生的先備知識，充實他們長期記憶的內容。其方式如下：

1. 培養學生的閱讀興趣

   學生平時廣泛涉獵各層面的知識，可對任何寫作題目均備有豐富的知識，寫出的文章自然言之有物，否則文章必然內容空洞。

2. 擴充生活經驗

   學生平常興趣廣泛，熱心參與各項活動，親身體驗各層面的生活，可豐富他們的生活經驗，如此寫作起有關主題的文章，自然生動活潑，否則閉門造車，文章內容必然空洞、呆板、毫無創意。故家長或教師若想提昇學生的寫作能力，並非一味搜購作文參考書和教導寫作技巧即可竟其功，尙應使用靈活、彈性的教育方式，提供學生各種郊遊、採訪、參觀、遊戲等育樂活動，學生從活動中搜集資料、記錄、剪裁資料、及撰寫文稿。此種結合寫作教學於育樂活動中的方式，學生的寫作興趣必然高昂，創作出的作品也一定生動、有趣。

3. 充實字彙、詞彙成語

「巧婦難爲無米之炊」，文字能力是寫作的基本要素，學生的用字遣詞能力具一定水準之後（約在小學二年級），方可進行作文教學。但學生寫作能力要到字詞能達其意、文字能自由、完全的溝通作者的觀念，必待其字詞能達自動化水準。故充實學生字彙、詞彙、成語等能力是寫作學的基礎工作之一。

4. 充實文法

語法、標點符號、文章結構、文體等作文基本規範的知識：學生在寫作的基本規範能力愈成熟、愈達其意、文字能自由完全地溝通作者的觀念，必待其字詞能達自動化程度，寫作時，其工作記憶（working memory）的有限容量不侷限在寫作的細節上，愈能用在文章的觀念內容的產生及文章的組織、佈局上，可提昇文章的內容和組織結構的品質。故充實學生的作文規範的知識和能力是寫作教學的基礎工作之一。

㈡寫作環境的層面

寫作環境的安排包括：作文命題和引起寫作的動機。

1. 作文命題應考慮兒童的知識和經驗

作文題目若超出兒童的知識和經驗範圍，其寫作出來的文辛，內容必定空洞、枯燥，甚至因而損傷了兒童對作文的興趣。

2. 激勵兒童的寫作動機

教師要創造一個寫作的氣氛，激勵兒童寫作的動機，其方式：⑴讓兒童瞭解寫作的價值和目的是溝通觀念，發表意見，抒發已見……等；⑵以文字或寫遊戲的方式，可提昇兒童寫作的文字能力及作文的興趣。本書創意寫作的文字遊戲教學法可提供這方面教學的教材；⑶應用本書創意寫作的各種教學法，可使作文教學生動、活潑、有趣；⑷在寫作轉譯過程的起草爲文階段，最好用硬筆撰寫草稿。避免用毛筆而致書寫不暢，以致影響寫作時觀念的通暢；⑸提供作品發表的機會，其方式包括：詩作朗誦、劇本演出、朗誦文章、張貼作品、出版班刊……等。

㈢寫作過程的層面

1. 計劃階段

寫作計劃的擬訂，包括：依作文題目定中心思想、產生內容、選擇材料、文章內容的佈局。此計劃階段的作文教學，王萬清（民 80）認爲低年級可用「王明德教學法」，中、高年級可用黃基博的「圖解作文教學法」。茲分別介紹如下：

⑴ 王明德教學法

以國語科教學單元爲中心，佈置教學環境，先以原有教科書的課文，編成故事，利用實物或掛圖等教具，指導兒童觀察討論，同時，隨機提供新語詞，以擴充兒童的詞彙、知識及思想，以反覆練習。再表演方式，啓發其興，加深其印象，訓練兒童正確及流利的說話寫成作文，不會寫的生字新詞，可以注音符號代替，以消除其發表的阻礙。作文經批改後，選一中等程度的作文，抄在黑板上，師生共同訂正。訂正後的作文，當作讀書教材，進行深究並指導誦讀課文，吟咏欣賞，而後規定適當作業，以供兒童練習（陳弘昌，民80）。

王明德作文教學法是「從說話到寫作」的教學歷程，在說話的指導活動中所提示的圖片，已事先設定在某一中心思想之下，透過試講、示範、練習、修正、發表等過程，使學習者自然形成一套寫作計劃的架構的架構（王萬清，民80）。

(2) 黃基博的圖解作文教學法

此法由教師先提出作文題目，讓學生根據命題搜集各種相關的資料，搜集資料可用「腦力激盪」的方式或「聯想法」，儘可能提出和命題有關的資料。接著教師指導學生決定中心思想，並根據中心思想剪截組織、佈局的搜集的素材，形作段落，進而寫成一篇文章。

黃基博的圖解作文教學法，其指導寫作的過程先決定中心思想、接著選取素材、再分段安排，最後各自寫作，這些步驟剛好和寫作計劃的內容不謀而合，故我們可以圖解作文教學法進行寫作計劃階段的教學。

2. 轉譯階段

轉譯是起草爲文。此階段兒童需具有書寫能力、字彙、詞彙、造句、文法、標點等作文基本能力，方能下筆；否則，若寫作者在撰稿時工作記憶的負荷被這些瑣細工作所佔去，其負荷過重，會影響寫作時思考的流暢運作，而寫不出內容豐富、思考流暢、凝聚連貫的文章。故兒童在平常即需加強這些寫作基本能力的訓練，使這些能力達自動化運作，而在撰稿時不佔用工作記憶容量，致下筆如行流水，文思泉湧。那麼要如何加強這些寫作的基本能力呢？

(1) 字彙、詞彙、成語、書寫、錯別字的訓練。多閱讀課外書可增強字彙、詞彙及成語的使用能力。本書單元65、66的詞句和成語接龍的遊戲，亦是很好的訓練教材。

(2) 造句能力的訓練。可用替換語詞、換句話說、照樣造句、因果造句、語系造句（參考單64）等方式來訓練。

(3) 修飾能力的訓練。訓練將句子加上形容詞、副詞或標點符號的修飾，以求句子的精益求精。亦可用短句拉長來訓練句子的修飾能力（參考單元37、67、68）。

(4) 概念具體化的練習。訓練學生將抽象的概念以聲音、表情、動作描寫出來，增加學生描寫事物的能力（參考單36、37、38、39）。

教師除了平常訓練寫作的基本能力之外，在教學生寫作的轉譯階段（尤其是中、低年級的學童），若能以「你能寫得更多嗎？」、「你可以再寫得更多、更好」等方式引導寫作的思略，兒童寫出來的文章內容更豐富。但教師的引導寫作思略的方式總不若教導學生自我引導，故教師可更一步訓練學生「自我詢問以引導寫作思路的策略」，例如：教學生自問：「我寫完了嗎？」、「我還有更多可寫的嗎？」，於是寫出的文章內容可推展、延伸、自然逐漸產生更多的觀念，寫出的內容也更充實。

3. 回顧階段

文章的回顧包括校閱及訂正。即評估寫作的內容是否達成寫作的目標、偵錯，然後修改不滿意的部份。其教學方法：

(1) 師生討論

教師批改學生的作文，提出修改的意見，並聽取學生對老師意見的反應。教師批閱學生的作文時，應依個別差異，尊重學生文中所表達的觀念，避免認爲學生全篇文章一無是處，批改得體無完膚，使學生飽受挫折感，在氣餒之餘，也喪失了寫作的興趣。

(2) 交互修改

個人回顧自己寫出的文章，難免會有盲點，此時，若以學生間交互修改的方式，不但可增加修改的品質，亦可訓練學生文章回顧的能力。

(3) 回顧訓練

教師可搜集一些學生寫作時所常犯的錯誤，如錯別字、重複的字句、不完整的句子、段落不清……等，讓學生練習檢查及訂正，以提升學生寫作時的回顧能力。

(4) 自我檢修卡

教師設計一寫作時的自我檢修卡，卡上列出一系列的檢討和修改文章的指引，教導學生在寫完字、句、段落或全文後，依檢修卡的指引，診斷自己及章中需修改之處，並依修改指引加以訂正。此法可協助學生文章修改內容的數量和品質。依 Scardamalia & Bereiter（1982）所提出的檢查的指引：（張新仁，民 81）

- 讀者是否瞭解我寫的意思？
- 這部份是否寫得如我的意？
- 這個句子是否寫得正確？
- 我想這部份是否應再說得更淸楚些？
- 我是否愈寫愈偏離主題了？

修改的指引：

- 我想這部份可保留，不必更動。

- 我最好舉個例子。
- 我最好將此部份刪除。
- 我最好將此句刪掉，用別的方式表達。
- 我最好再多說一些。
- 我最好改變措辭。

第五章
寫作與創造思考

一、寫作與創造思考的關係

語言是表達藝術的一種手段或工具，而語文中最能表達創造性的就是作文了。一般說來，兒童的經驗是相當有限的，如不運用想像力的話，徒只靠記憶去重述人家的文句，如此，提筆寫作，滿篇盡是陳腔濫調，只是詞句的堆砌而已，那有「創造」可言。況且兒童本來就是最富想像力的，有想像力的表達才具有創意，因此，正確的作文教學，應該從啓發兒童的思路著手，儘量輔導他們發揮潛存的想像力（林亨泰、彭震球，民 67 ）。

Smith（ 1987 ）認為，練習寫作是發展兒童思考技巧的最好策略，因為，沒有清楚的思路，就寫不出思考清晰的文章，一位思路混淆不清者，是不可能寫出好文章來的。

Finn（ 1981 ）認為寫作是一種藝術創造，既需熱情，又需訓練。資優兒童的教師為了訓練寫作資優的兒童，應播撒創造性寫作教學的種子，讓兒童對各種生活經驗開放、自發、和敏感，以培養他們寫作的嗜好和創作的技巧。

譚達士（民 64 ）認為，作文是用文字將思想表達出來的過程，每人的思想不盡相同，故文字表達內容也不一致。所以作文本身就是一種創造。

Turner（ 1978 ）認為，只要教師一提到創造力，大家都立即會想到創造性寫作（ creative writing ），對大多數人，均把創造力和一些故事寫作經驗連在一起，在中、小學，我們很自然的把寫作當成自我表達的一種創造的形式。寫作一般被描述爲思想的表達、思想的結構，使思想永存，它的表達過程本身就是一種創造。

Carter（ 1983 ）指出，年輕人發展寫作技巧，對教育者、父母和其他專業領域的人員是非常重要的。超越熟練於基本的文法和拼字法則，年輕的寫作者必須能創造地和充分的表達他們的觀念。

二、透過寫作啓發兒童創造思考的教學方法

作文與創造的關係非常密切，已如上述，然而，當前學校的作文課能否達到讓學生創作想像的目標呢？曾信雄（ 民 71 ）指出，在教師方面，也深以作文教學爲苦，一般教兒童作文的方法不外是把文題寫在黑板上以後，便講解大綱，逐段提示大意，然後朗誦一篇範文給兒童參考。這種傳統的教學方式，很容易限制兒童的思路，扼殺兒童的想像力，養成兒童依賴的惰性，使兒童上起作文課來不是無話可說，就是不知從何說起。

由於傳統的作文課教學法，阻礙了兒童的創造力，因此，國內外許多學者均提出「創造性寫作」（ creative writing ）的教學方法，透過作文的想像力，來激發兒童的創造力。

㈠Poole（ 1980 ） 在「透過課程的創造力」一書中（ Creativity Across the Curriculum ）即提出使用文字寫作以促進創造力的教學方法：

1. 著作發表：透過口頭方式創造故事，然後將故事內容錄製錄音帶，供作打字成爲閱讀材料，學生可將其作品給父母、師長、同學、兄弟分享，此方法包含說、寫、閱讀的創造活動，在作文課中實施是相當生動活潑的。
2. 調查遊戲：好奇心是兒童閱讀和寫作的原動力，學校教師

的角色是去喚取兒童的好奇心，激發兒童語言的潛能，且建立調查文字的習性。培養兒童對文字的好奇心的方法如下：

(1)　名字調查：兒童對名字天生的具有好奇心，常想去探討如下的問題：這個名字的意義是什麼？別的語言有無相似的名字？名字相同的人是否知名度也一樣？教師亦可引導學生調查下列名字的問題，如：地名、綽號、地區名、乳名、寵物名、英雄的名字、電視節目和主角的名字、商品的名字……等。

(2)　語源探索：教師指導兒童了解語源的生動性和改變性，及文字的使用有創始和歷史演變的因素。教師可問下列的問題，以刺激學生語源探索的動機，爲何有些字聲音相同？爲何有些字形相似（如烏和烏）？爲何有些字看起來很奇特？那些字具有很多不同的意義？那些字唸起來爲何特別奇怪？以上這些問題引導學生去探索問題、調查語源，以滿足和擴展其好奇心。教師要從事這項教學項目，應準備一本語源的字典，以應付學生的問題和編造教材。

(3)　外來語調查：有很多的外來語，已混入兒童每日使用的語文中，如英文的Kungfu，來自中國的功夫

英文的Kowtow，來自中文的叩頭

英文的Oolong，來自中文的烏龍

英文的Tao，來自中文的道

英文的China，來自中文的秦

英文的Silk，來自中文的絲

中文的可口可樂，來自英文的Coca Cola

中文的做秀，來自英文的Show

使兒童了解各國語言之間的相關，世界文化交流的影響。

⑷ 文字的形狀：此法以文字的視覺效果，激發兒童的想像力。文字可在長度、形狀、空間、組合、重量、書法等上有所變化。教師亦可指導小朋友，透過不同的材料爲媒介（泥塑、木雕、鋸、用刷子寫），來表現不同的字；或使用自己的身體，形成字母的形狀。教師亦可指導小朋友以最少許文字，用寫或畫的方式，能明白的表示他們的意思。此方式可使兒童享受創造的樂趣，並練習他們的創造力。

⑸ 文法造句遊戲：教導學生文法不一定要非常嚴肅呆板。一個富有想像力的老師能利用兒童分類的技巧和區辨顏色的能力，從遊戲中學會文法。教師可以用一條鉛線橫過教室前面。教師請學生以不同顏色的紙卡，書寫各項詞類，如：名詞寫紅卡、形容詞寫淡橙色、動詞寫藍色、副詞寫淡綠色、受詞寫白色……等。教師把這些色紙卡搜集後放入一籃子中。於是教師開始請學生從籃中拿起不同顏色的紙卡，掛在鉛線上，造一有意義的句子。於是學生立即學到，大部份句子包含各種不同顏色的紙卡，教師再歸納分析每一句子的句型，於是學生從遊戲中學會了造句，也學習到了文法的規則。

㈡ Turner（ 1978 ）對創造性寫作所建議的方法如下：

1. 以各種不同形式的想像誘因來激發寫作，如訴諸於感覺或幻想。
2. 兒童需從所參與的工作經驗中，選擇適當的文字、觀念和表達方式。
3. 廣泛選擇寫作主題，且需要愈多的激勵性刺激。
4. 鼓勵兒童以其經驗、自傳式的去寫作。

5. 讓兒童的創作有發表的機會，提供給讀者閱讀。
6. 多以關注、獎賞來激勵兒童寫作。

㈢Carter（1983）以寫作活動方式促進學生創造地表達其觀念，其創造性寫作教學的方式是透過選擇兩班學生互相通信的活動。甲班學生假想自己是歷史人物（如伊利沙白女王一世等），乙班學生則想像自己是現代生活中的人物（如郵差等），二班學生一一對應，以通信方式向對方介紹自己的生活，並向對方提出問題。以此種方式教導學生創造性想像寫作，學生反應熱烈，寫作興緻高昂。

㈣Kenny（1982）曾建議以創造性寫作來作爲資優學生的自我知覺、敏感訓練。Smith（1987）則建議教師在教室中讓兒童小組討論，彼此分享經驗及思想，如此兒童在寫作時透過腦力的相互激盪，創作文章的思考觀念會源源不斷。

㈤Finn（1981）認爲，特別是資優學生，必需有一創造性寫作的課程。實施創造性寫作，應考慮以下順序：

1. 應考慮到資優學生的特性及需求，認知上，教導他們成爲創造性、批判性、邏輯性的思考者；情感上，增廣其興趣、提高其反應和引導他們體認新的價值；直覺上，發展豐富的想像力和自由快樂地幻想；身體上，教導他們成爲觀察敏銳，且去評價和信任他們的感覺。
2. 促進創造性寫作技巧，創造性寫作應來自對生活周遭本身的體驗，從看、聽、深入觀察和感覺，自由地表達自己的感受和態度。
3. 鼓勵資優兒童養成經常寫作的習慣，隨時觀察、記錄、創造幻想、感覺情緒並具體地表達出來。
4. 文學的示範能激起和促進兒童去嘗試新的詩和散文的表達方式。

5. 以文字遊戲激發寫作的動機：如以正讀反讀均相同的語句、謎語、文字聯想、文字接龍等活動方式。
6. 使用擬聲、有趣的文字排列組合、假設想像（假如我是……）等方式，激發寫作的情境和情緒，增進兒童的感覺和知覺，以進行創作。
7. 提供各種圖畫書（神話、傳說、世界故事、幻想和科幻故事……等），以激發兒童的想像力，去創造他們自己的虛構世界。

(六)Royer（1982）建議作文教學必需迎合學生的特殊需求，可用Bloom的教學目標分類，作爲創造性寫作的課題。教師可設計一主題，教導學生在教學目標分類的六個水準上去思考，並就每一水準創作一有趣的寫作題目和內容，此活動可教導資優學生創造性問題解決的過程和高層次水準的思考活動。

(七)彭震球（民 67）指出，創造性作文教學教師應：

1. 給予學生想像的自由，鼓勵他們創造、創新，如此學生才敢於創造最佳的作品。
2. 以說故事的方式，提供開頭或結尾一段話，中間讓學生自由想像。
3. 諒解、欣賞兒童的幻想世界。
4. 以視、聽等多元媒體刺激學生的想像力和創造的表達。

有關以作文來促進學生創造力的研究，Ashe（1965）曾以初中學生爲對象，實驗組在作文課自由表達，不受拘泥，控制組則爲接受傳統的作文教學，經過十二週的教學以後，實驗組學生在創造思考測驗分數上均顯著優於控制組。Jackson（1981）研究二種不同詩的寫作方式在增進詩的寫作和創造力的效果，他以五十三個四、五年級的學生爲對象，第一組接受三十分鐘有關詩的開放問題（open questioning about poetry）和三十分鐘詩的寫作訓練；

第二組接受二十分鐘有關詩的開放性問題，二十分鐘詩的結構解說（ physical interpretation of poetry ），和二十分鐘詩的寫作訓練，一週一小時，期間三十週，結果顯示，二組在詩的寫作測驗創造內容和Torrance 語文創造思考測驗分數上均有顯著進步。Coleman（ 1982 ）曾以六十一個二、三年級資源班的資優學生為對象，研究經過九週的創造性寫作課程之效果，結果顯示，實驗組在語文測驗（ test of written language ）的字彙 、主題成熟和形式等分測驗上及寫作態度調查（ writing attitude survey ）上，均顯著優於控制組。

以上文獻說明了作文和創造有密切的關係，許多學者均提出創造性寫作的方法，有關的研究也證實創造性寫作對促進學生創造力有相當具體的效果。國內傳統的作文教學扼殺了學生創造力的情形相當普遍，而且到目前為止仍未有有關以作文教學來促進學生創造思考能力的書籍，這一直為筆者的一個努力的方向。

第六章
如何進行創意的寫作教學

爲透過寫作方式，啓發學生的作文能力及創造思考的能力，筆者根據創造力理論，創造思考的訓練技術，及創造思考的教學策略，自行設計創意的寫作教學模式及活動設計，可作爲國小、國中教師進行作文教學的參考資料。

一、創意寫作教學的模式

此模式（參考圖5-1）爲一個三度空間的結構，包括作文教學的三個層面。第一層面爲寫作方式，第二層面爲創意寫作的教學方式，第三個層面爲教學目標。強調教師透過不同的寫作方式，經由不同的創意寫作教學活動，以達成教學的目標（包括一般性教學目標及創造性教學目標）。

(一)寫作方式

1. 書信
2. 童詩
3. 兒歌
4. 對句
5. 劇本
6. 句子
7. 段落
8. 散文
9. 故事
10. 讀書報告
11. 語文遊戲
12. 自傳
13. 辯論稿
14. 標題
15. 文字設計
16. 謎語

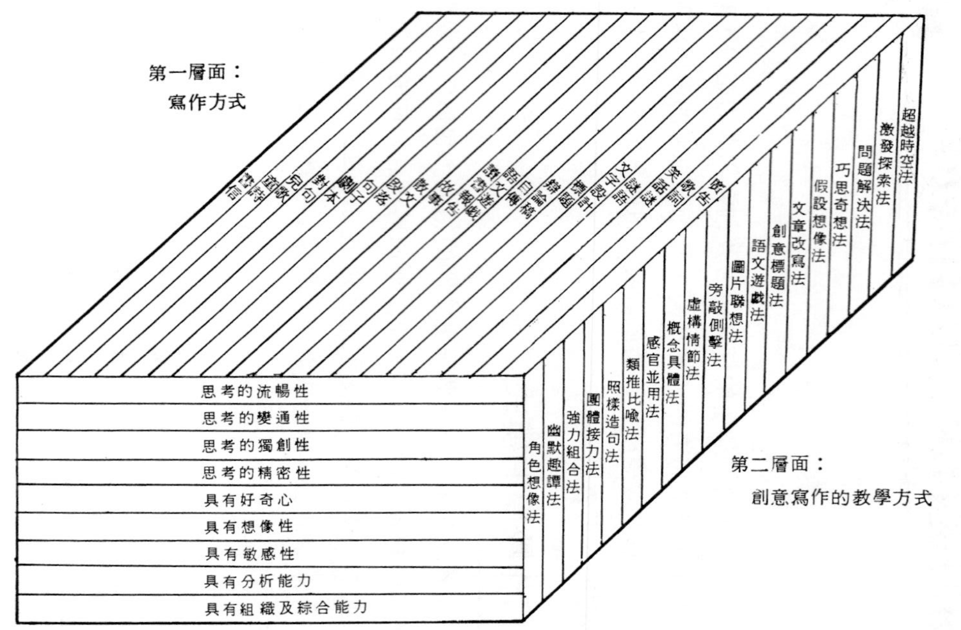

圖5-1　創意寫作的教學模式

17. 笑話　　18. 歌詞

19. 廣告

㈡創意寫作的十九種教學方法

名　稱	定　　義
1.角色想像法	讓兒童設身處地去想像另一不同的角色人物或動物，設想他們處在不同的角度可能的想法、觀念、思想、或意見等。 例如：「假如你是木柵動物園的猴子，你想對遊客說些什麼？」、「假如我是一隻海鷗」、「假如我是太空科學家」。
2.幽默趣譚法	讓兒童體驗家庭、學校等生活週遭所發生的幽默風趣的事情，使他們的思想更加豁達、聯想力更加豐富，最後能把這些幽默有趣的事件寫作出來，分享親朋好友，使兒童的世界充滿了歡笑氣氛。 例如：請兒童寫作「班上的趣聞」、「本校的趣聞」或「家中的趣事」或是「我的糗事」……等。
3.強力組合法	由兒童自己列舉，或教師提示兒童幾個不相干的事物名稱、名詞或概念，指導兒童利用聯想關係，組織，綜合能力，把這些名詞，事物或概念有相關、有組織、有系統的串連起來，寫作成一篇文章。

	例如：請兒童寫作一篇包括「太陽、月亮、仙人掌」三個名詞的文章。
4.團體接力法	此法乃借用運動場上大隊接力的原理在寫作上，教師先提示文章的名稱或開頭的句子，以引發學生的好奇心，結合學生團體的力量，團隊中的每一個人運用其聯想力把這段文章依其所想像的情節，有組織的發展下去，可以培養學生的應變能力、聯想能力、組織能力及合作的精神。 例如：教師以「小牛、小朱是好朋友，想到海邊抓螃蟹，他們帶了……」
5.照樣造句法	老師提示學生一篇範文、範詩或其他文章的寫作格式，指導學生以替換內容的方式，使舊瓶新裝，創作一篇文章。 例如：範謎是「八隻脚、一對螯，走進熱水鍋綠袍變紅袍」照樣造句成「一隻脚、千根鬚，冬來了，變禿頭」。
6.類推比喻法	教師指導學生運用其聯想力，去找出許多事物間的相似點，加以想像比擬，這種類推比喻的方法可以啓發小朋友想像的心靈，是兒童修辭及創造童詩不可缺少的要素。 例如：「白雲是——我夏天時愛吃的冰淇淋， 白雲是——我看戲時愛吃的棉花糖， 白雲是——我寫字時用的測驗紙，

	奇怪了，爲什麼這些我喜愛的東西會在天上呢？」
7.感官並用法	教師引導學生使用其五官（視、聽、嗅、觸、味覺及思覺），去體驗生活週遭的多種事物，並把這種感受具體的描述出來，以激發學生創作的泉源。 （聽音聯想） 例如：教師按序放出不同的音響效果（如鳥聲、車聲、雷聲、脚步聲……等）讓學生聯想組合創作一個故事情節。
8.概念具體法	教師引導學生把一些抽象的概念以敍事的方式具體的描述出來，以設法讓讀者透過具體事物，眞正的去體驗這些不同的抽象的感受。 例如：「幫岳飛編一個能表現出他的精忠報國的精神的一則故事」。
9.虛構情節法	兒童的頭腦裏藏有豐富的、美麗的、神奇的世界，教師設定一些足以引發學生好奇心的寫作題目，讓兒童發展想像的翅膀，以虛構故事情節的方式，敍說動人的故事。 例如：「飛機墜海了……」
10.旁敲側擊法	教師除了可應用謎語讓學生做猜謎的遊戲外，並可教導學生運用其想像力、組織力、思考力寫作謎語，然後在班上進行猜謎的遊戲，使作

	文教學變得生動、活潑、新奇、益智且充滿了創意。 例如：「長腿走得快，短腿走得慢，一分一秒的走過去，走得老奶奶的髮都白了」（時鐘）
11.圖片聯想法	教師以一張幻燈片或圖片，亦可用多張連續的幻燈片或圖片，引發兒童的聯想，並發展成一個完整的故事情節，這些幻燈片或圖片的內容若曖昧模糊，則更能引發學生的好奇心、探索性和聯想力，在講述或寫作故事時，教師並以六W（when ，where ，who ，what，why，how ）的方式引導學生想像一完整的故事內容。 例如：「看幻燈片寫作」。
12.語文遊戲法	教師設計一些語文遊戲的題材，讓學生去寫作這些作業，如此不但可以增加作文教學的樂趣，亦可訓練學生活潑的想像力及基本的語文能力。 例如「趣味對句」的方式，「寫作兒歌」的方式，或「文字接龍」、「文句聯想」等。
13.創意標題法	教師搜集報紙上一些適合兒童閱讀的有趣的文章，提供學生閱讀，並請他們閱讀過後，為這一篇文章想出一個適當的吸引人的、有趣的題目及文章的小標題。亦可提示學生標題，讓他們想像文章的內容。

	例如：「孔雀園，孔雀多，免費贈送錢不收！」，請學生依此標題寫作一段報導的內容。
14.文章改寫法	教師指導學生以變換的方式，將一篇文章以另一種方式加以改寫，例如，把詩歌改成散文或劇本，把散文改寫成劇本，把故事改成話劇，把對話改成敘述文……等。 例如：請學生把一首唐詩，「遊子吟」，改寫成劇本。
15.假設想像法	教師指導學生以「假如……」的方式去想像的方法。去幻想另一不同的世界，或去想像一個不可能的世界萬一發生的結果，以激發學生的想像力。有以「人」爲主題的想像，如「假如我是太空科學家」；有以「動物、鳥類、昆蟲等」爲主題的想像，如「假如我是一隻毛毛蟲」、「假如我是一隻海鷗」；尙有以事物爲主題的想像，如「假如地球上的水都乾涸了」。
16.巧思奇想法	教師提示一件東西，例如新式的自動鉛筆，讓兒童敘述他們的發明新構想，亦可以讓兒童以幻想的方式敘述自己最新奇的一件發明物的創造發明能力及精緻設計能力。 例如：「新式產品報導」。
17.問題解決法	教師搜集或設計一些問題情境，請兒童寫出一些解決這個問題的方法，在教學過程中教師並

	可教導學生團體使用腦力激盪法或一些個別的激發創意的方法，以啓發學生創造性解決問題的觀念。 例如：「問題解決專欄」。
18.激發探索法	教師設計一些充滿矛盾足以引起學生好奇心及探索性的作文命題，激發學生以想像力去解答自己的問題，並寫作成一篇文章。 例如：「一隻會飛的猴子」 「一個會講話但不言不語的美女」 「一個聰明但總是考零分的學生」
19.超越時空法	教師指導學生不受時間、空間因素的限制，展開想像的翅膀，做奇思異想，或讓學生想像若時間空間改變之後，一些事物會呈現什麼樣的新局面。 例如：「月球殖民新世界」 「公元 2010 年」 「天堂一日遊」 「 50 年後的小學」

㈢教學目標

創意寫作活動的作文教學，除了達成一般教學目標外，尚可達成下列啓發學生創造思考能力的教學目標。

1. 思考的流暢性：指一個人思路流暢，短時間內可以產生很多的想法、觀念、和看法。我們常形容一個人「下筆如行雲流水」、「智多星」、「文思泉源」、「思路通暢」、

「花樣百出」等，均代表個人思考的具有流暢性。

2. 思考的變通性：指一個人的思路能迂迴變化、彈性思考。能用不同的方式思考，或思考的觀念具有不同的類別。我們常形容一個人「窮則變、變則通」、「隨機應變」、「舉一反三」、「觸類旁通」，指的即是一個人的思考具有變通性。

3. 思考的獨創性：指一個人能以新奇獨特的方式思考問題，所以他能想出別人意想不到的觀念來。我們常形容創造品「物以稀爲貴」、「萬綠叢中一點紅」、「不同凡響」、「獨特新穎」、「匠心獨運」、「鶴立雞群」、「與衆不同」等，即指一個人獨創性思考的結果。

4. 思考的精密性：指一個人思路細密，能把一個觀念加以引申、潤飾、拓展，使簡單的觀念更趨完美，我們常形容一個人在思考時能「精益求精」、「錦上添花」、「愼思熟慮」、「考慮週全」、「巧思」等，均是指一個人的思考具有精密性。

5. 具有好奇心：指一個人對於曖昧模糊的事物，具有「追根究底」的精神，想要「探個究竟」，和它「週旋到底」，並「打破砂鍋問到底」，以深入發現事物之堂奧奇妙之處。

6. 具有想像力：指一個人善於將腦中所想像的東西加以具體化「自由聯想」、「意像聯想」，再用語言、文字、繪畫、音樂、科技、舞蹈……等表現出來。這些思考的想像力，來自於直覺的推測，是一種超越感官、超現實和理論的界限的思考方式。

7. 具有敏感性：指一個人的思考很敏銳，能「明察秋毫」、「獨具慧眼」、「洞燭先機」，敏銳的覺察到許多問題和事物的缺漏、不週全、不完美，和未完成的地方。思考具有敏感性是社會進步的原動力,有問題才有改進,一個人若能發現問題,思考解決問題的辦法，我們社會才會有進步。

8. 具有分析的能力：指一個人的「思路清晰」、「一眼能看穿事物的究竟」,能「撥雲見日」、「抽絲剝繭」、「分門別類」，了解問題的「前因後果」、「相互關係」、「相對位置」……等，即具有分析問題或事物的能力。

9. 具有組織綜合的能力：指一個人能把所獲得的雜亂無章的資料和訊息，很快的「一以貫之」「綜合歸納」起來，加以系統的「排列組合」，以便能清楚而有順序的傳達給別人。

二、創意寫作教室中教師的教學態度

教師在創意寫作教室中教學：

(一)要佈置一自由、和諧、熱絡的教室氣氛，使學生能放鬆情緒而自由的創造新觀念。教師可在教學開始之時，以師生自由交談來建立和樂氣氛；或可利用一些令人困惑的現象或問題來激發學生的好奇心和學習動機；也可以以學生自發問題爲教學的開始。

(二)教師應以溫暖、接納的態度對待學生，以建立一自由、安全、沒有拘束和壓力的教室，使學生能喜歡想像，樂於發表。

(三)教師只是學生學習的促進者，不獨佔整個教學活動，應建立良好的師生關係，共同研討。

(四)教師不以權威的方式領導，排除整齊劃一的觀念。

(五)教師應開放觀念，容納歧異，不輕易批評學生，並應極力避免嘲弄學生的新觀念。

(六)鼓勵學生容忍不相同的看法和意見，不要譏諷他人的意見。

(七)教師排除對學生主觀的及刻板的印象，養成彈性的人格特質。

㈧延遲批判的態度。

㈨教師應具事無至善的觀念，不要要求有單一標準的答案，鼓勵學生探究問題的科學態度。

㈩教師多用讚美、鼓勵等積極的態度對待學生不平凡的創造與觀念。

⑾容忍遊戲的態度。

第七章
創意寫作教室教學單元設計

表6-1　創意寫作活動及單元名稱

項次	創意寫作教學方法	單元順序	單元名稱	頁數
1.	角色想像法	1.	擬人化自述	54
		2.	大人的世界	57
		3.	製訂新法律	59
		4.	小小記者	60
		5.	動物聯盟	61
		6.	終至成名	63
		7.	角色想像寫作	65
2.	幽默趣譚法	8.	班級趣譚寫作	68
3.	強力組合法	9.	文字技工	71
		10.	故事列車	73
		11.	故事集錦	75
		12.	強力組合寫作	76
		13.	成語組合	79
4.	團體接力法	14.	海底古堡奇遇記	80

		83.	文字、數字二重奏	228
		84.	問題解決專欄	229
18.	激發探索法	85.	探索名字的起源	231
		86.	矛盾的探索	233
19.	超越時空法	87.	公元 2020 年的新住家	234
		88.	未來的交通工具	236
		89.	西元 2010 年	238
		90.	回到過去	242

單元1：擬人化自述

一、實施目的：

1. 指導學生應用其認知力及想像力，去了解其外在世界的人、事、物。
2. 指導學生應用其假想力，以第一人稱的方式，勇敢的描述出其對某些事物內在的心裏感受。
3. 提供學生機會，去模擬想像不同的人、事、物，其不同的感受如何。

二、實施對象：

國小中、高年級及國中學生。

三、課前準備：

四、寫作方式：

以自吟自述的散文方式，或以童詩方式來描述自己。

五、教學過程：

1. 教師先以一些謎語叫學生猜，這些謎語均描述事物的特質，使學生了解每一樣事物均有其不同的特質。例如：「一個小黑人，跳進洗澡盆，越洗越黑，越洗越小」（墨條）。「稀奇稀奇眞稀奇，鼻子當馬騎」（眼鏡）。「我的肚子像一面牆，我的大腿像一根柱，我的耳朵像兩把扇，我的鼻子像一根水管，澆起水來眞好玩」（大象）。
2. 請學生自己想像是某一動物或事物，以一篇童詩或散文描述自己的身心特質、心中感想……等，（如駱駝的自述、鬧鐘的自述）。

六、教學實例：

馬路的自述

我是一條終身爲人類服務的馬路，每天從早工作到晚，絲毫沒有一點休息的時間，常常搞得我疲憊不堪，可是，我對我的工作卻是非常負責的，是一個盡忠職守的好職員。

但是，每天一大早就有一包包「文明的產物」，嚇然出現在我這平坦的身體上，不但臭氣撲鼻，蚊蠅更是滿天飛，使得經過這裏的人類都得「暫時停止呼吸」。有時一些「好心」的狗先生、貓小姐們，趁我稍不防備就撒一些「冬瓜茶」送給我，又沒有人能聽我訴苦，眞是啞巴吃黃蓮，有苦說不出啊！

更苦命的是一些怪手們，不分青紅皀白的就往我身上拼命的挖，痛得我連聲叫苦，它們卻聽若罔聞，反而變本加厲更加猖狂，原本平坦的我從此變得坑坑洞洞的，連點尊嚴也沒有了。

我不明白究竟爲什麼人類都不體諒體諒我呢？人類啊！請你們覺悟吧！好好維護我吧！不然，受害的還不是你們。所以千萬不要一錯再錯，如果再這樣執迷不悟下去，後果將不堪設想，到時可別又怪在我身上喔！

畢竟人生以服務爲目的，不管如何我還是依然會爲你們服務，就算我有再多委屈也得忍氣吞聲了，這大概就是馬路的命運吧！「唉！……。」

（板橋市莒光國小　五、四　林靜鈺）

胃吟

你們可別羨慕我，
每天吃的是魚肉。
其實我也沒那麼好過，
主人一會兒吃酸辣；
一會兒吃鹹甜。
一會兒太餓；
一會兒又太撐，
我都得忍受。

陳林正

單元 2：大人的世界

一、實施目的：

1. 透過兒童認知及想像力，描述他們眼中所認為的大人世界。讓大人聽聽看小孩子的心聲，大人就不會以為小孩子什麼都不懂，更能重視小孩子的想法和看法 。
2. 讓兒童表達他們對大人的看法。

二、實施對象：

國小中、高年級以上及國中學生。

三、課前準備：

教師搜集各行各業工作情形的圖片。

四、寫作方式：

採段落式寫作的方式。

五、教學過程：

1. 教師展示大人們工作情形的圖片，敍述大人工作世界的多采多姿。
2. 教師引導兒童討論他們的親戚、父母或長輩的生活情形。（包括職業、休閒、學習……等不同的生活層面）
3. 教師請每一位小朋友寫一段文字，敍述他們眼中的大人的世界是什麼樣子。

六、教學實例：

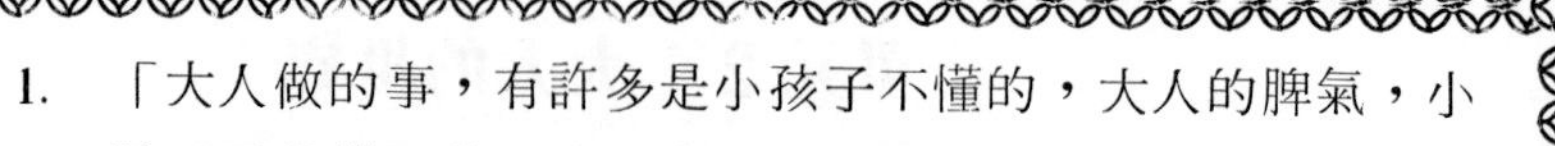

1. 「大人做的事，有許多是小孩子不懂的，大人的脾氣，小孩子更是摸不著。大人有他們的作風。跟我們這些小孩子的想法，完全不同。」（**中山國小　汪名華**）

2. 「大人的世界，倒會、偽造文書、炒地皮……等事，層出不窮，這是我們小孩子永遠想不到的事。」

（**中山國小　葉仰哲**）

3. 「大人們上班的時候，有的坐名牌轎車，有的擠公車。下班以後，有的在家陪小孩溫習功課，有的却趕去賭場，把大把鈔票給輸光了。」（**中山國小　林文翔**）

七、本活動變換方式：

亦可請學生寫「老師的世界」、「警察的世界」……等。增加他們對這些人的認知及想像。

單元3：製訂新法律

一、實施目的：

1. 使學生建立法律的觀念，並且了解法律因應社會而變遷。
2. 激發學生解決問題的思考能力。
3. 培養學生分析問題的能力。

二、實施對象：

國小中、高年級，及國中學生。

三、課前準備：

六法全書一本。

四、寫作方式：

採段落寫作的方式。

五、教學過程：

1. 教師說明法律的意義及法律製作的程序。
2. 在寫作的形式上，給予學生以下的建議：「請你扮演一個國會議員，請你思考一下今日我們的國家需要什麼樣的法律，把它寫出來，並敘述其原因。」

六、本活動的變換方式：

1. 全班透過適當的管道，以議案的方式送審、討論，而變成眞正的法律。把全班分成兩半，一半爲參議院，一半是衆議院，一個人扮演主席。請每個人寫一份辯解書來說明其所草擬的新法。然後議決那些議案順利變成新法。
2. 請兒童們制訂一些班級法規來管理全班。
3. 請每個人扮演總統，並解釋說明他要如何來推展新法。
4. 請同學們寫作一些有趣的、滑稽的法律。

單元 4：小小記者

一、實施目的：

1. 教導學生了解報紙的標題有吸引注意和溝通信息的重要性。
2. 教導學生構思故事情節的組織、想像能力。

二、實施對象：

國小中、高年級及國中學生。

三、課前準備：

教師搜集一些報紙，教師並事先從國語日報、兒童報紙，或其他報紙中剪下各種有趣的標題，準備一個箱子把這些報紙的標題放在箱子中。

四、寫作方式：

寫作故事的情節。

五、教學過程：

1. 教師展示報紙的內容，並加以說明報紙的結構及標題的意義。
2. 請每位學生從箱子中抽取一張報紙的標題，然後依這個標題內容寫作一個故事。教師強調故事內容要和標題相符合，並提醒學生故事的情節愈生動有趣愈佳。報紙的標題例子如下：「案多不愁，有問就說，冷面殺手，無智無謀」。「穀價蹦蹦跳，稻農哈哈笑」。
3. 班上選出約五位學生扮演報紙編輯，編輯小組從這些故事中選稿並加以設計版面編輯，然後出刊一份大家集體創作的模擬的報紙。

單元 5：動物聯盟

一、實施目的：

1. 讓兒童了解民主社會的各項活動，並模擬這些活動。
2. 本活動除了讓學生培養寫作的能力外，並可了解彼此的個性，促進良好的人際關係。
3. 讓學生應用其想像力，去想像不同的動物，其處在不同的情境中，可能有的情緒。

二、實施對象：

國小中、高年級，及國中學生。

三、課前準備：

提供兒童動物圖書，讓他們認識各種動物的特性，或帶兒童到動物園，認識各種動物，了解動物在園裏的各種可能發生的問題，兒童並配合美勞課製作自己所喜歡的動物的面具。

四、寫作方式：

採段落寫作的方式。

五、教學過程：

1. 每個學生扮演自己所喜歡的動物園裏的動物，此時學生們帶上自己所製作的該動物的面具。
2. 然後相同的動物形成一組，各組分開。
3. 各組分開之後每組要選出一位代表作爲「動物園糾紛問題解決委員會」的委員。各動物組被選出者共同組成該動物園的「糾紛問題解決委員會」。於是每位兒童必須提名一位組內的同學代表這一動物組，並加以說明你提名他的原因。

4. 委員代表選出後，小組成員儘量去扮演出所扮演的動物的特性，想像其情境，以腦力激盪方式提出一張「我們的困擾」的列舉單交給委員會。

5. 每一位同學寫一篇說明稿，說明爲何你提名某一位同學的理由。這些理由包括你對他的感覺如何？爲何你覺得他足以代表大家解決問題。

六、本活動的變換方式：

1. 請兒童去假想自己是動物園中的自己最喜歡的動物，並想像它在動物園中可能的困擾及抱怨，寫一段心聲的稿子：「假如我是動物園中的某種動物（猴子、孔雀、長頸鹿），我想對旅客們說些什麼？」

2. 組成動物園中的各形各式的委員會（如動物園犯罪調查委員會）及舉行各項委員的競選宣傳活動。

（取自 Turner, 1978, P24 ）

單元6：終至成名

一、實施目的：

1. 輔導學生了解「成」名的意義，並訂定遠大的人生目標及達成實現人生目標的計劃。
2. 本活動除了可培養兒童的想像力外，並可作爲兒童生涯輔導的活動設計。

二、實施對象：

國小中、高年級，及國中學生。

三、課前準備：

教師和學生共同搜集各種雜誌，尤其是封面有介紹風雲人物榜的雜誌，例如美國的「時代週刊」（Time）及「時報週刊」（Newsweek）以及國內的「遠見」雜誌。

四、寫作方式：

以假設想像的方式寫作自傳。

五、教學過程：

1. 教師向學生介紹雜誌封面人物刋載所代表的意義。例如：它可能是介紹各行各業的傑出人才，或是介紹年度社會的風雲人物。
2. 請學生假想自己榮登這個月的風雲人物榜，他的照片正被一家廣泛暢行的雜誌社作爲封面人物刋登出來，請他們寫一篇自傳，介紹自己奮鬥成功的過程以及成名的原因和事實。
3. 當學生們寫作自傳完畢後，請他們爲這個雜誌設計一個刋登有自己照片的封面。

六、本活動的變換方式：

請學生假想自己已和記者約好接受訪問，請他們自擬一份被訪問稿（包括記者所可能問的問題，及自己欲回答的答案）。

單元7：角色想像寫作

一、實施目的：

1. 以活潑生動的教學方式，教導學生寫信的格式。
2. 啓發學生豐富的想像力。
3. 養成學生以信件相互關懷的關心別人的情操。

二、實施對象：

國小中年級以上及國中具有書信寫作經驗的學生。以二班學生實施，亦可將同班學生分成兩部份實施。

三、課前準備：

甲班學生引導他們事先閱讀中國古代的故事書，如古代皇帝列傳、中國神話故事、中國民間童話故事、西遊記、三國演義……等。乙班學生則閱讀現代的故事書，如妙博士、太空漫遊記、現代偉人傳記……等。

四、寫作方式：

透過書信寫作的方式，來介紹自己所扮演的角色。

五、教學過程：

1. 甲班學生每人自由選擇扮演一古代人物。如乾隆皇帝、南極仙翁……等。乙班學生則扮演現代生活中的人物，如怪博士、科學小飛俠……等。
2. 甲班學生每人從乙班學生所扮演的角色中，自由選擇一個寫信的對象。下表是甲班和乙班學生在此活動中，依其所扮演的角色，相互對照情形舉隅：

甲班 （古代的角色）		乙班 （現代的人物）
(1)邱將軍	←——→	王博士
(2)乾隆皇帝	←——→	太空戰士
(3)妙皇上	←——→	黃發明家
(4)南極仙翁	←——→	謝天文學家
(5)張員外	←——→	花總統

3. 甲班學生每人透過想像、創造的書信寫作，向乙班學生介紹自己的生活狀況，並向對方詢問他們（古代↔現代）的生活情形。教師提示學生，介紹自己的生活可從六W著手，即說明我是什麼人？我住的地方如何？現在是何時？我在從事什麼工作？我爲何做這些事？我的生活情形？……等。
4. 乙班學生接信後，亦以假設想像的角色回信。
5. 乙班教師安排學生拜訪甲班，甲班教師則請學生安排茶點招待。兩班學生當看到自己所對照的通信者時，非常高興的討論，場面熱烈感人，並建立同學間良好的友誼。

六、教學實例：

乙班學生在接到甲班學生的信時，非常好奇的去閱讀，當看到寫信者的名字時，均忍不住哈哈大笑，場面輕鬆有趣，大家迫不急待的以假想的角色去回信。如在一個班級實施時，可由相互對應的雙方分別上台發表信件內容。以下是兩個四年級學生對照的實例：

謝天文學家：

你記得我嗎？我是跟你在凡間的荷花池邊認識的南極仙翁，我已經有四千零五十二歲了。現在在最南端的星球，目前正忙著找千年靈芝，好獻給玉帝。如果，你在別的地方發現到它，請你跟我說。

你現在正在研究什麼東西？可知道太陽的壽命還多長？人類的性命還多長？對了，你有沒有欠人什麼東西？或者有什麼事需要我幫忙？都可寫信告訴我。

好久沒見面了，我想十年後，我們仍在老地方見面，祝你

事事如意

天天快樂

南極仙翁　敬上

南極仙翁你好嗎：

很高興接獲來信，我是現代的天文學家，現在正在研究地球上的動物要怎樣才能在太空中生活。目前住在太空研究站，希望你有空的時候，能來我這裏，和我一起坐著新發明的1號太空梭，再一起到地球裏的荷花池參觀荷花。

南極的地方美嗎？你在那兒天天是不是很快樂？那天我也到你那邊去看看仙人的生活是怎麼一回事？是不是都住在雲堆裏呢？對了，你說的千年靈芝，至今還沒見過，不過我會盡力幫你找到。說不定我會從星球上觀察出來，到時候再告訴你。我的身體很好，請你不用躭心。　　　祝你

身體健康

謝天文學家　敬上

單元 8：班級趣譚寫作

一、實施目的：

1. 幽默的特性是以愉快的方式娛人，能夠引發喜悅，給大家帶來歡樂。當我們面對困境時，幽默的處世態度使我們振奮精神、建立信心。
2. 幽默可以化解人際間的冰凍，潤滑人際關係。
3. 幽默是以一種新的方式來看問題，可以靈活腦筋，增進創造思考能力。心理學家吳靜吉就認為：「幽默是將兩種原不相干的事件豁然串通起來，讓人產生驚奇的感覺」。許多中外心理學家亦一致認為幽默是創造者的人格特質之一。幽默既為一種良好的人格特質，不僅對於個人的處事、處人，乃至於創造的特質均有幫助，在學校教育中就應培養每個人的幽默感。本活動設計的目的乃透過「班級趣譚」的寫作方式，培養學生的幽默感，增進其創造思考能力。

二、實施對象：

國小中年級以上及國中學生。

三、課前準備：

教師平常上課講講笑話，使班級氣氛熱絡融洽；搜集具有幽默感的文章、笑話、或漫畫，提供學生課外閱讀，以培養學生生活中的幽默感。

四、寫作方式：

每人寫作班級趣譚二或三則，每一則趣譚不超過 150 字。

五、教學過程：

1. 教師在上本堂寫作課前的一、二星期（或學期一開始），即告訴學生搜集在班級或家庭生活週遭的趣事，並隨時加以記錄。
2. 寫作前以自願方式先請同學們上台練習說出這幾週來（本學期來），自己所觀察到的班上或生活週遭的趣事。
3. 請每位學生把這些有趣的事情寫在作文稿紙上，教師並特別強調愈新鮮、有趣、奇特、脫俗、娛人的趣事愈好，趣事每人不限於寫一則，寫完後並爲自己所寫的每篇趣事想出最聰明、有趣、吸引人的標題（題目）。亦可爲自己的趣譚附上精美多彩的插圖。
4. 教師選出優秀且富創意的作品，在教室的「班級趣譚專欄」公佈；或出版班刊，在班刊上闢一「班級趣譚專欄」，刊登同學的優秀作品。

六、教學實例：

本教材經實地教學實施結果，學生均能更敏感於其週遭的趣事，並更富有幽默感。上課發表班上趣事時，全班笑聲不斷，氣氛極其熱烈。以下分別介紹四篇學生寫作的實例：

筆下留情

最近，幾個「有膽的」，大概是吃了熊心豹子膽吧！拿「紀念册」到女生班去請女同學簽名，大概是想要女同學筆下留「情」。（**板橋市海山國小　六年七班　楊年景**）

×　　　×　　　×

裝拉鍊

記得，在去年的五月份，本班的王××因急性盲腸炎住院開刀，休養了一星期。回到學校的當天，有很多同學都好奇的圍著他，有人問他說：「讓我們看看你身上是否裝有拉鍊，以便於打開看體內的構造」。（**板橋市海山國小　六年七班　王棠祥**）

×　　　×　　　×

「報告！」「進來！」

上課時，常有同學故意晚到，然後喊「報告」。因為班上有個同學的爸爸叫「王進來」，所以每次同學都愛作弄他。有一次上國語課，老師正講得津津有味時，一個同學突然喊「報告」，全班大喊「進來」，一片哄堂大笑。（**高雄市鳳林國小　六年忠班　謝佳卿**）

×　　　×　　　×

錯把浴缸當水缸

今天晚上忽然停水了，正要洗米時沒有水，我就想到一個辦法，就是用浴缸的水來洗。當媽媽回來時，我跟媽媽說家裏停水了，媽媽問我是怎麼洗米的，我回答說「用浴室的水」。媽媽說以後不要再用浴室的水洗米，因為浴室的水不衛生。（**新莊市思賢國小　四年十九班　莊文信**）

單元9：文字技工

一、實施目的：

1. 培養學生觀察分析的能力。
2. 提供學生構成段落的邏輯的具體實例。
3. 發展學生對文字引申修飾的技巧。

二、實施對象：

國小中年級以上及國中學生。

三、課前準備：

一些可以分解成許多部分的眞實物件或其圖片。例如：機關槍、時鐘、打字機……等。

四、寫作方式：

寫作段落的方式。

五、教學過程：

1. 教師問學生是否曾經把某些物品拆開來，研究它們是如何做成的？問他們是否能再把這樣被拆開的東西組合回去？以引起學習的動機。
2. 請學生列舉一些其有許多部分組成的東西。例如：三輪車、時鐘、攪拌器、收音機、打字機等。然後請他們列舉每個物件可分解成那些部分。如三輪車：輪子、輪胎、鏈子、踏板、握把……等。
3. 請學生首先寫一個句子來描寫這整個物件。例如，三輪車是紅的。然後每一個部分用一個句子來描寫。最後再寫另一個句子來描寫這整個物件。例如：這是一部 28 英寸的脚踏車，它的車輪有 64 根軸條，它的輪胎是黑色的，其鏈子是油滑的，它的握把有變速設置，它的踏板踩起來輕快。這是一部銀色的腳踏車。

六、本活動的變換方式：

請學生用這種方法去建構描寫一些幻想的物件或機械。例如：謝斯的奇妙的打字機。

單元10：故事列車

一、實施目的：

1. 發展學生分析故事內容的要素。
2. 訓練學生強力把這些故事的內容要素組合起來的組織能力。
3. 培養學生建構故事情節的想像力。

二、實施對象：

國小中年級以上，及國中學生。

三、課前準備：

1. 教師做或畫一個玩具火車（包括一個引擎和四個車廂）。
2. 準備許多小張紙條。
3. 每一車廂上可放一個箱子（或紙袋）作爲裝紙卡之用。在第一車廂的箱子或紙袋內裝「故事問題」的卡片，如：沒有朋友、沒有鞋子、輪胎破了……。在第二車廂的箱子或紙袋內裝「故事角色」的紙卡，如：國王、小精靈、大象……。在第三車廂的箱子或紙袋內裝「故事特質」的紙卡，如：高的、有趣的、吝嗇的……。在第四車廂的箱子或紙袋內裝「發生地方」的紙卡，如：電影院、學校、馬路上……。

四、寫作方式：

採故事寫作的方式。

五、教學過程：

1. 教師請學生每人各寫一張有關故事的「問題」、「角色」、「特質」、「地方」的紙卡，共寫四張。

2. 每人將寫好的四張卡片分別投放入不同車廂的箱子或紙袋內。

3. 每人依次到四個車廂中，各抽出一張小紙片，共抽出四張紙片，每個學生以抽到的紙片上所敘述的故事的要素，想像故事的情節，組合寫成一篇完整的故事。

五、本活動的變換方式：

1. 可增設不同要素的車廂，如：物件、色彩及其他要素。

2. 可準備兩列火車，一列代表想像角色的故事；另一列代表眞實角色的故事，各編一個故事。

單元11：故事集錦

一、實施目的：

發展兒童知覺，分析出同元素的關係及組合各種不同元素的能力。

二、實施對象：

國小及國中學生。

三、課前準備：

準備四個碗、一隻湯匙和一些小紙條。

四、寫作方式：

以強力組合的方式編寫一篇故事。

五、教學過程：

1. 教師發給每個學生四張小紙條，分別寫上他們所想說明的故事的要素，例如：故事中的角色、發生的地點、情節、結果等。
2. 學生把分別寫上角色、地點、情節、結果的小紙條放入四個碗中，並用湯匙加以調勻。
3. 每個學生在碗中抽出角色、地點、情節、結果，各一個，依這些要素強力組合創作一個故事。

單元12：强力組合寫作

一、實施目的：

1. 啓發學生思考的流暢性。
2. 鼓勵學生思考的觀念愈新奇、愈獨特愈好。
3. 培養學生組合故事的聯想力、創造力。

二、實施對象：

國小中年級以上及國中學生。以班級教學方式進行，在普通班或資優班均可實施。

三、課前準備：

具有寫作的經驗和能力。

四、寫作方式：

把幾個不相干的名詞，以強力組合的方式，組織編寫完成一個故事。

五、教學過程：

1. 教師採取「腦力激盪」的方式，引導全班同學挖空心思，想出一些稀奇古怪的名詞，教師把學生列舉的這些名詞寫在黑板上（這些名詞如霉人、母碟、髒人……等）。
2. 在熱絡的班級氣氛中，鼓勵學生自由取用黑板上的奇特名詞三或四個，組織成一個有內容的故事來，講給全班同學聽。故事內容並求新奇、有趣、富創意。
3. 請四或五位班上比較會編、講故事的學生上台做示範，講出他們所編組的故事內容。限制每位示範者時間不宜超過五分鐘。
4. 示範編講故事之後，引導全班同學就個人喜歡的名詞選取四或五個，來組合成一篇故事，寫在作文簿或稿紙上。

5. 向學生強調要重視自己所編寫的故事的標題，鼓勵每位學生爲自己的組合故事設計一非常獨特、有趣、聰明的好標題名稱。

六、教學實例：

本活動設計在國小四年級一個班級中實地教學，此班級依「腦力激盪活動」激湧出來的奇特名詞有：「霉人、七色龍宮、電腦、母碟、髒人、千里眼……等」，學生選取千里眼、霉人、七色龍宮三個名詞，強力組合成的故事如下：

星際大戰

很久以前，在一個太空裏面，有四個國家。第一個國家的首領是火星人，在他們的國家裏，每天的星星都冒著火，所以他們國家都沒有陰暗的地方，首領有一位叫千里眼的部下。第二個國家的首領是E. T. ，他的部下是母碟和電腦。第三個國家的首領是霉人，他們每天都吃發霉的東西，所以叫霉人，他的部下是水龍和一枝電力筆。第四個國家是由孫悟空領導的，部下是水母。

在冥王星內有一位既漂亮又任性的美人魚，她就住在七色龍宮裏。四個國家的國王都很喜歡美人魚，時常爲了美人魚而吵架，而美人魚却不在乎。

有一次，美人魚告訴四國的國王說：「如果誰能打贏對方，誰就能娶我。」於是他們就開始互相攻擊了。火星人就用他的火星攻擊霉人，不小心打到孫悟空，孫悟空就用金箍棒對付。霉人就叫水龍吐水噴火星人。E. T. 就駕著母碟到上面射飛彈。打來打去、攻來攻去都不分勝負。美人魚不小心走到他們打仗的地方，突然一聲尖叫：「啊……」，美人魚已經死了，大家吃了一驚，馬上停止戰爭。他們傷心的把美人魚埋葬後，就各自去找新伴侶，從此就不再吵架了。（**新莊市思賢國小 四年七班 曾淑慧**）

選用「髒人、霉人、電腦」等三個名詞，強力組合成的故事內容如下：

比髒的人

有一天，有二個人在比髒，霉人說：「我的污垢很多很多，洗也洗不掉」，髒人說：「別人看我就想吐，靠近我就會發燒。」說完他們倆就吵起來了，於是他們倆就去問電腦，看看誰比較髒。

他們等了好久才把電腦請了出來，電腦想了很久才在螢光幕上把答案顯示出來，結果是兩個都一樣髒，這時誰也不讓誰兩個人也就打起架來了。由於髒人身上有很多細菌，霉人受到傳染，就得重病死了。（**新莊市思賢國小 四年七班 董維勤**）

單元13：成語組合

一、實施目的：

1. 培養學生語文聯想、組織的能力。
2. 培養學生使用成語的語文能力。
3. 培養學生分類的能力。

二、實施對象：

國小中、高年級及國中學生。

三、課前準備：

教師可提供學生閱讀有關成語集錦、成語故事的書籍。

四、寫作方式：

以聯想組織法寫作故事。

五、教學過程：

1. 請學生以腦力激盪的方式列舉一些成語。例如：事倍功半、一石雙鳥、百發百中、無懈可擊……。
2. 請學生採取這些成語組合成一個故事。故事愈活潑生動、幽默有趣愈好。

六、本活動的變換方式：

1. 學生列舉中外電影的名稱，並以之寫作一篇有趣的文章。
2. 指導學生列舉成語，並以 20 字左右加以解釋，編成一本自己的成語字典。並將這些成語依不同的方式做歸納的編輯（例如：依字數歸類，如三字、四字、五字……等，或依第一個字相同的歸類，如：大同世界、大小通吃、大而化之……等。）

單元14：海底古堡奇遇記

一、實施目的：

1. 教師以模糊曖昧的問題情境，激發兒童的好奇心，並能勇敢的探索問題。
2. 培養兒童豐富的想像力。

二、實施對象：

國小及國中各年級學生。

三、課前準備：

教師平常即搜集各種充滿神奇、想像、有趣的故事書，提供學生閱讀，養成兒童喜好閱讀的良好習慣。

四、寫作方式：

寫作故事。

五、教學過程：

1. 教師講述一段故事的情境，讓學生進行編故事的接力活動：

   故事情境如下：

   「有一天，兩個潛水夫潛到海底採珊瑚，無意中發現海底有一座廢棄很久的古堡，兩個潛水夫感到非常的驚訝，就進去裏面探個究竟，結果發現了許許多多稀奇古怪的事情……」
2. 學生以故事接力的方式，一個接一個，從潛水夫進去古堡到出古堡的歷險過程，編成一個完整的故事。
3. 教師請每一位學生自己寫作一篇故事，敍述兩個潛水夫在古堡內的所見所聞。

六、本活動變換方式：

亦可以請學生扮演新聞記者，寫一篇報導性文章，報導潛水夫發現古堡的經過情形，古堡的位置，和人們猜測形成古堡的可能原因。

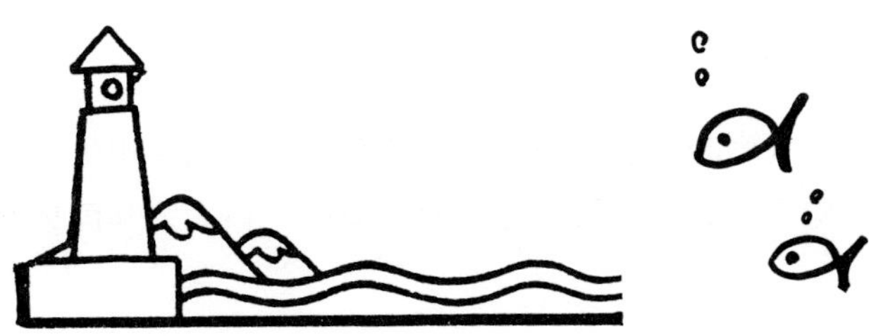

單元15：大隊接力寫作

一、實施目的：

1. 啓發學生的聯想力、組合力及獨創力。
2. 培養學生互助合作的團隊精神。
3. 使作文教學活動生動、活潑。

二、實施對象：

國小中年級以上及國中學生。

三、課前準備：

四、寫作方式：

依據大隊接力賽跑的原理，教師提出作文題目，指導學生一個接一個下去寫作句子，做聯想的接力，最後變成一篇大家共同創作的文章。

五、教學過程：

1. 教師上作文課時，首先提出寫作的題目，並板書在黑板上。富於激發想像力或以故事性、經驗性爲體材的題目更佳，因爲這類題目較易做接續的描述。
2. 教師就題目的特性做一番講解；提示寫作要點及如何分段；並運用啓發創造思考的問題去引導學生的想像力，如「假如我是一朵雲」，可以問學生下列問題，以導引學生思考、想像：「妳的身體會是什麼形狀？」、「妳會怎麼走路？」、「妳怎麼穿衣服？」、「妳有那些朋友？他們住那兒？怎麼去找他們玩？」、「妳會想去那兒旅行？」。教師發問每一問題，讓學生透過想像後口述回答。
3. 學生對本作文的題目具備一些概念後，教師說明本次作文課不是要每人寫一篇作文，而是大家以共同接力的創作方式，寫作一篇作文，寫作時應注意各句子意思的連貫及如何分段落。

4. 大隊接力寫作的地方是黑板，教師採自願方式，請一位同學當第一棒，首先上台寫下接力作文的第一句（每人可寫一句、二句或三句），再請另一位自願的同學把句子接下去。如此一個接一個的，逐句逐段完成一篇共同創作的文章。教師在每一人寫完一個或二、三個句子後，應即和學生共同加以修正，訂正過後，再由另一個同學接力下去繼續創作。

5. 請一位同學把這篇接力完成的作文抄下來，並公佈在佈告欄上，讓大家欣賞彼此共同的傑作。

六、教學實例：

本活動設計是請班上少數參加大隊接力寫作的同學到黑板上寫句子，若教學對象年級較高，作文程度愈佳。爲使每位學生均能參予，亦可採先分組後，各組題目自定，組員每人均參予，在稿紙上共同接力，完成一篇作文。

本教學活動設計經在台北縣板橋市莒光國小三年十班做實地敎學，作文題目是「假如我是一朵雲」，全班共有十二位同學自動參與接力寫作的行列，完成的寫作內容如下：

假如我是一朵雲

假如我是一朵雲，我將是一朵愛時髦的雲（張詮祥），常常穿各種式樣，各種顏色的衣服到世界各地去旅行（蔡佳君）。出太陽的時候，我喜歡穿白色的衣服；下雨的時候，我喜歡穿黑色的衣服（廖翠珊）。今天在台灣，明天到日本，後天去法國（張詮祥），我認識了好多好多的朋友，數也數不清（許雅惠）。

如果我是一朵雲，我也是一個魔術師，可以把自己的身體變成別的形狀（林鄭國）。有時變成一座山（廖翠珊）；有時變成一條小帆船（黃國晉）。我最怕風伯伯了，有一次我和同伴打架（江佩玲），打成一團糟（劉文斌），風伯伯看了好生氣，用力一吹，吹得我們頭昏眼花、東倒西歪（吳仁豪），醒來的時候也不知道自己在什麼地方（陳麗如）。

假如我是一朵雲，今天我打算到美國去（張詮祥），我要採訪王贛駿太空人（江佩玲），送他太太一件最漂亮的衣服，請他有空的時候也帶我一起到月亮上去（邱聖雯），你們想不想一起去呀？（吳振龍）

（板橋市莒光國小　三年十班）

單元16：作文接力

一、實施目的：

1. 協助學生能依一個觀點延續發展一個情節內容的能力。
2. 發展學生觀念的流暢力。
3. 發展學生問題解決能力。
4. 啓發學生的想像力及組織能力。

二、實施對象：

國小中、高年級及國中學生。

三、課前準備：

四、寫作方式：

故事寫作方式。

五、教學過程：

1. 教師在黑板上寫一些字詞，學生開始儘可能的採用這些字詞寫作一篇文章。例如：王五、電燈、飛蛾、火車、大木箱……等。
2. 在完成文章前約十分鐘，教師宣佈開始作文接力活動。每個學生把他們的文章傳遞給他右邊的同學，另則從左邊接到一篇別人的作品。
3. 先閱讀別人的作品，再加以增添完成作品。

六、本活動的變換方式：

1. 請一位學生到黑板上寫一個故事的開頭，一分鐘後，他把粉筆傳遞下去給另一位同學。當傳棒接到 10 人時，請最後一人作一個故事的結論。
2. 學生圍坐一個圓圈，請第一個學生在準備好的紙的上端寫一個未完成的句子。例如：我的朋友是________，然後反時針方向傳遞給下一位同學，下一位同學寫一個形容詞，並說明詳細原因（例如：高的，約有 160 公分；吝嗇的，從來不借東西給別人）來形容這位朋友，然後把他寫的形容詞摺去。每一位被傳遞到的同學寫一個形容詞來形容這位朋友，並把它摺起來不被看到，最後一個人把它打開來，並唸整個形容的句子給大家聽。

單元17：童詩仿作

一、實施目的：

1. 教導學生利用替代的方式寫作文章。
2. 培養學生比喻、類推、聯想的能力。

二、實施對象：

國小中、高年級學童。

三、課前準備：

學生已學會照樣造句的方法。教師在課前抄錄一首童詩在小黑板上。

四、寫作方式：

透過照樣造句的方式，仿作童詩。

五、教學過程：

1. 教師拿出事先抄錄在小黑板的童詩一首，放在黑板溝上，展示給全班同學欣賞。詩文內容如下：

板擦兒

板擦兒很愛玩，
在黑板上跑來跑去，
玩得全身都是灰，
老師來了，
很生氣，
叫值日生抓出去，
打屁股。

2. 教師先範讀一遍，全班學生接著朗讀。
3. 教師複習照樣造句的方法，並以板擦兒這首詩的每一句作練習，如：板擦兒很愛玩，可替換成小皮球很愛運動；在黑板上跑來跑去，可替換成在運動場上跳來跳去；老師來了，可替換成小朋友來了；……等。
4. 教師說明以照樣造句的方式亦可創作童詩。於是教師教導學生學習照著範詩的句法、形式，以每個學生的生活體驗，加上想像、比喻、替換詩中的一些詞句，形成一首童詩。此教學過程中，教師可先示範，接著同學試著創作，最後再鼓勵全班同學創作。

六、教學實例：

本創造性教學活動設計，以板橋市莒光國小三年級普通班學生為對象，進行試教，以下是利用本教學單元教三年級學童創作童詩的成果。

鉛筆

鉛筆很愛玩，
在簿子上畫來畫去，
小朋友來了，
很生氣，
把鉛筆抓去削，
害了鉛筆變矮了。（曾照翔）

× ×

鏡子

鏡子很愛畫畫兒，
只要把東西放在鏡子前，
不到一秒鐘，
就把東西畫好了。（陳保莉）

單元18：舊歌譜新詞

一、實施目的：

1. 發展學生了解韻文（詩）形式的技巧。
2. 增進學生對於韻文（詩）的抒情和情緒（情愫）的感受性。
3. 啓發學生分析及組合的能力。

二、實施對象：

國小中、高年級及國中學生。

三、課前準備：

準備一些歌譜。

四、寫作方式：

採歌詞寫作的方式。

五、教學過程：

1. 每一個學生想一首自己最喜歡或最能代表自己的歌（愛國歌曲或流行歌曲均可），老師可請他們唱出或說出。
2. 請學生爲這一首歌填寫新的歌詞，歌詞的組成必須配合主旋律，有韻律的型式以及節奏感。
3. 爲這首歌提出一個新的歌名。

六、本活動的變換方式：

請學生按此過程爲全班編寫一首代表全班精神的班歌，或分組爲各組編寫組歌。

單元19：數目字的聯想

一、實施目的：

1. 鼓勵學生做不同事物間相似特性的比喻聯想。
2. 培養學生豐富的聯想力。

二、實施對象：

國小一年級以上，具有閱讀過童詩書刊經驗的學生。

三、課前準備：

利用早自習課或課餘時間，指導學生多朗誦童詩，熟悉了解童詩文字的簡練，音調的優美。

四、寫作方式：

寫作童詩。

五、教學過程：

1. 教師用錄音機，放一段交響樂曲，讓兒童閉上眼睛聆聽欣賞，透過樂曲，練習想像樂曲的內容情節，也許樂曲在表達森林裏的故事，悠閒的小鳥站在蒼勁的松樹上唱著歌，池塘裏有幾隻白鵝在戲水……，儘量啓發兒童將自己聽音樂時，腦海裏所浮現的景象口述出來，每位小朋友的想像結果應該都是不盡相同的，所以可讓多位學生發表。
2. 教師在黑板上揭示一首用譬喻比擬成其他人或物的童詩，藉以教導兒童認識怎樣利用物與物或物與人互相類似的特點，產生聯想來寫童詩。

   例如：**蝸牛的殼**

   蝸牛的殼
   像好吃的冰淇淋

每天背來背去
不知賣給誰

詩中蝸牛的殼譬喻成冰淇淋，這是物與物之間產生的聯想，把蝸牛譬喻成賣冰淇淋的人，這是物與人之間產生的聯想。

※　　　※　　　※

一百分

啊！好香！
兩個燒餅
一根油條

這首詩以兩個燒餅像數字中的「0」，一根油條像數字中的「1」，而譬喻成一百分「100」，想像力很豐富。

3. 兒童了解比擬的方法後，可開始習作，首先教師指導兒童作個位數字的想像，提示可譬喻成人或物，譬喻成有生命的動物、植物，沒有生命的器具、建築物等均可。

0→酒渦、太陽、銅板、輪胎、蛋、彈珠、躲避球……
1→針、筷子、甘蔗、線香、球棒、鉛筆……
2→鵝、鴿子、腸子、鉤鉤、毛線……
3→被切成一半的葫蘆、閃電、蛇……
4→帆船、扇子、三明治、機翼……
5→袋鼠、孕婦、癩蛤蟆……
6→高爾夫球桿、煙斗、手指頭……
7→電線桿、拐杖、高跟鞋……
8→眼鏡、蝴蝶結、魚、鼻孔……
9→籃球架、流鼻涕、電燈泡、哈雷慧星……

4. 提示學生童詩長度大約是四到八行，標點符號可有可無，能押韻最好，隔句押韻或每句都押，不押韻也沒關係，以自然流利為主。題目自訂，二位數或三位數不拘。注意數字與數字之間關係的連接與組合。

六、教學實例：

本活動設計在板橋市莒光國小三年十班實地教學，學生興趣濃厚，以下介紹該班級學生的部分作品：

1. 選用「20」者

啊！好香
一隻鵝加一粒蛋
眞是一道
好菜
（**黃國晉**）

池塘裏
一隻孤單的鵝
浮在石頭邊
不知道在等誰
（**劉靜慧**）

2. 選用「18」者

哇！好準呀！
一枝尖利的射桿
射中了一條魚
（**劉銘偉**）

厨房裏
有一根筷子
兩個大滷蛋
我正準備挿起來吃
（**劉芳儀**）

3. 選用「60」者

來！來比賽
看誰先用湯匙
把這粒蛋舀出來
（**黃國晉**）

哇！好遠哪！
一個高爾夫球被打出去了
不知進洞沒有
咱們走過去瞧瞧
（**劉銘偉**）

單元20：想像比喻

一、實施目的：

1. 發展兒童在許多不同的途徑上分類標示事物和觀念的能力。
2. 發展兒童的聯想能力。
3. 發展兒童想像比喻的語文能力。

二、實施對象：

國小各年級學生。

三、課前準備：

四、寫作方式：

採寫作句子的方式。

五、教學過程：

1. 討論想像比喻的意義。
2. 請兒童每人列舉天上、地上、水上的東西各一樣，然後爲每一樣東西寫下一個或一個以上想像的比喻。

例如：天上的雲：像是蓬鬆的白色絨毛枕頭。

天上的小鳥：像是快速移動的逗點。

地上的香菇：像是小精靈的雨傘。

水中的海胆：像是爬動的仙人掌。

飛著的蜻蜓：像是凌空飛翔的小飛機。

天上月兒彎彎：像是爸爸工作的彎刀。

天上月兒彎彎：像是媽媽愛吃的香蕉。

天上月兒彎彎：像是我小時候的搖籃。

單元21：寫給古代偉人的一封信

一、實施目的：

1. 指導學生了解古代偉人生活的歷史背景，及古代偉人的豐功偉蹟。
2. 引導學生借著和古人通信，發揮其想像力，並學會如何表達內心仰慕之情。

二、實施對象：

國小低、中、高年級及國中學生。

三、課前準備：

教室中設有班級圖書館，存放古代偉人故事的兒童故事書，以備兒童課餘時間，隨時借閱。

四、寫作方式：

書信的寫作方式。

五、教學過程：

1. 請三至五位學生上台，報告他們所讀過的有關偉人故事的故事書的內容。
2. 報告故事的內容包括：
   這個人生於那一朝代？
   生平爲人所樂道之事？
   偉人的事蹟？
   你對他最尊敬，並思加以學習的地方？
3. 請每一位學生假想若有機會寫一封信，給自己最尊敬的古代偉人，你要告訴他些什麼？要問他什麼問題？
4. 請學生寫信時，先報告自己是誰？

仰慕他的原因？請教他的問題？

六、教學實例：

寫給班超的一封信

大將軍班超閣下：

近來可好？

我是在漢朝三千年後中華民國的一名小學生，從課本上看到了你個人的理想、個人的抱負，以及你的一切情形。

每個人都有他自己的志願；你想立功異域，報效國家，憤然投筆從戎，棄文就武，從你那次和郭恂帶領三十六名部下到西域鄯善國起，就實現了你投筆從戎的壯志。

我最佩服你在鄯善國的機智擧動；你感覺到國王怠慢，就把侍者叫來，用「套語」的方法探出消息，然後把他關起來，以免洩漏風聲。接著就召集三十六名部下，說明事情的嚴重性；並當機立斷，說明戰略，而且不通知郭恂，怕他延誤時機。立卽在當天晚上採取行動，使國王大爲震驚，從此歸順了漢朝。

接著你又平定了于闐、疏勒、龜茲……等五十餘國，把漢朝的威聲，遠播整個西域。

在此祝你

在天國能立下更多的功勞

中華民國的小學生

方旭彬敬上

×月×日

七、本活動變換方式：

亦可請學生寫一封信給自己最仰慕的老師、長輩或明星….等。

單元22：發明家事略

一、實施目的：

1. 養成小朋友閱讀的興趣與習慣。
2. 了解發明家的事蹟對後人的影響。
3. 學習發明家發明東西的方法。
4. 學習發明家如何克服各種困境，創造發明新東西的精神。

二、實施對象：

國小、國中學生。

三、課前準備：

教師規定每一位學生閱讀一本有關發明家的故事，教師在班級圖書館即有這些圖書，或列發明家故事的書單給學生，請每位學生找一本自己最喜歡的來閱讀。

四、寫作方式：

書寫讀書報告的寫作方式。

五、教學過程：

1. 教師請幾位學生報告他所閱讀的一本發明家事略的故事書（如：愛廸生傳、居禮夫人傳、萊特兄弟……），報告的內容包括：那一位發明家？發明些什麼東西？怎麼發明？曾遇到那些困難及如何克服？其發明對人類的影響？自己最大的收穫和感想。
2. 請每一位小朋友按照下列的格式，寫一篇讀書心得報告：⑴書名⑵著者⑶出版社⑷出版年代⑸內容提要（他發明什麼東西？發明的經過情形？如何克服困難？對人類的影響。）⑹讀後心得。

單元23：我有話要說

一、實施目的：

1. 採用文字表達的方式，讓兒童發表他們的心聲，發洩不滿的情緒。
2. 培養兒童表達自我心聲及溝通的能力。
3. 培養兒童寫作的能力，思考組織的能力。
4. 有益兒童人格的健全發展。

二、實施對象：

國小中、高年級及國中學生。

三、課前準備：

四、寫作方式：

散文寫作方式。

五、教學過程：

1. 教師以自我分享的方式，敍述一件個人對某一些人心中不滿的情緒。如：「上課搗蛋者，請聽我說……」。
2. 教師請學生以口語方式，敍述他們生活當中的委屈，並找出重要的來源，向對方說出自己的眞實感受。
3. 請每位同學寫一篇文章，表達個人對某些人的心聲，如：「爸爸，請聽我說……」、「老師，我有話要說……」、「姊姊，請聽我說……」、「奶奶，我有話要說……」等。

六、教學實例：

攤販！請聽我說

每天，我走出家門，就可以看見攤販，攤販在我們大台北，幾乎是一大景觀。

西門町的路橋，地攤一處一處地延伸著，賣的是琳瑯滿目，有髮夾、髮飾、手錶、玩具……等等。有些地下道賣書、衣服、獎券，頻頻向人推銷，使人們覺得很厭煩，他們占據人們行走的道路，帶給人們不便。有些路邊攤，更占據騎樓地，賣水餃、牛肉麵、肉焿……等，幾乎不勝枚舉，這些食物的衛生眞是堪慮，車輛來來往往，捲起的塵土風沙，汚染了這些食物，設備簡陋，二桶水，就能洗很多的餐具。有些陳設更是其貌不揚，七拼八湊，有礙觀瞻。

攤販們，你們只顧自己的利益，只顧賺錢，影響了行人交通的方便。請你們支持政府的輔導，到市場的攤販集中場去做生意，不要再製造髒亂，影響市容。

（板橋市莒光國小　四年八班　張怡真）

媽媽！請聽我說

媽媽請您耐心的聽我說：不要覺得不耐煩，不要覺得這是沒有用的，不然，這是會形成我們之間的問題而有代溝。

㈠別把我的能力提得太高，使得我並不能如您所願的把事情完成，而受到您的指責，這會使我心理上，造成不良的影響。

㈡別把我的時間排得滿滿的，使得我沒一點休息的時間，這會造成我的壓力愈來愈重。

㈢別把我給忘記了，我在這樣小的空間下活動，最需要的是您的關愛，而您卻日夜的忙著賺錢，完全忽略了我。

㈣別用金錢來滿足我，使我得到我所要的一切東西，這樣會使我認爲金錢是可以解決問題的。

㈤別把我再當成一、二年級不懂事的小孩子，而過份的規定我不可做有關危險的事情，這樣會使我要加速的長大，成為一個小大人而更容易發生危險。

媽媽，當您聽完我所說的話之後，您或許會認為我對您的所做所為不滿而恨您嗎？不是的，我只是把種種可能我成為一位不良少年的因果告訴您罷了，並不是因為您的教育方法錯誤而恨您，而是提醒您，不要因為這一點點的忽略，而使得我前途和一生中留下了一個最難以消去的黑點。

（板橋市莒光國小　六年三班　洪煥昇）

單元24：爸媽眼中的我

一、實施目的：

1. 透過兒童思想的表達，可以直接反應他們的心聲。
2. 這種以親身體驗為寫作體裁的方式，可以訓練兒童敏銳的感受力，自我的反省和分析。
3. 促進親子之間的溝通。

二、實施對象：

國小中年級以上。

三、課前準備：

四、寫作方式：

採段落式寫作一小段，以不超過一百五十字為原則。

五、教學過程：

1. 教師採用遊戲方式，在班級內進行「優點大轟炸」。在教室前面準備一張椅子，依次請三、五位同學到前面來，坐在椅子上，接受同學們敘述他的優點：如「王大空這個人力氣很大」、「王大空上課很專心」……等。
2. 上一活動結束後，教師歸納說：「別人對我們均有不同的看法，有時他們會說出來，但有時他們沒有說出來，這個時候，我們就要利用自己的感受去體會別人對我們的看法了。現在同學們想一想，可能朋友、老師、父母對你的看法怎麼樣，他們認為你是聰明的、乖巧的、喜歡運動的、文靜的、樂於助人的……等。」
3. 教師請同學們自我反省、思考，並請幾位同學用口語表達他們的自省。

4. 教師發給每位同學一張稿紙，或同學自備一張紙，寫作的主題是：「爸媽眼中的我」讓每位同學去想像、思考父母親對他們的看法，並強調寫作的內容幽默風趣，引人入勝最好。

5. 寫作完畢後，同學們分享，教師並隨機教學，指導同學們借此機會自我反省，改進不良習性，讓父母親眼中的我是一位活活潑潑的好學生。

六、教學實例：

爸媽眼中的我

爸媽眼中的我是一個難纏的傢伙，當我犯錯時，看我那副可憐的樣子，却不忍心打我、罵我，又怕姑息我。對付我不能盯得太緊，也不能放得太鬆；不能過於關心，也不能不表示關心。實在很難做。　　台北市中山國小　謝佳興

爸媽眼中的我，就好比是一株缺少養分的小草，需要多攝取營養。他們每天到菜市場買補品，回家燉給我吃，惟恐我三餐吃得不夠好。　　台北市中山國小　王建鈞

爸媽的眼中，我是一個滿腦子問題的「問題兒童」。一天到晚纏著大人問這個、問那個。每當我看到新奇的東西時，總要忍不住的去拆它、咬它、丟它，而使得原本好好的東西，經過我的手後，不是壞了，就是拆得四分五裂。　　台北市中山國小　游宗儒

爸媽眼中的我，是一個調皮搗蛋的小孩子，讀書時心不在焉，吃飯時狼吞虎嚥；高興時却又常樂昏了頭。一天到晚迷迷糊糊，交待的工作，往往「成事不足，敗事有餘」；下決心做一件事，都只有三分鐘的熱度……反正，在爸媽眼裏，我是個永遠長不大的孩子。　　台北市中山國小　蔡舜宇

爸媽眼中的我，是一個不必休息的機器人；整天活力充沛，蹦蹦跳跳，從不喊累。精力彷彿永遠耗不盡，而飯却吃不多，瘦巴巴的，像根竹竿。

台北市中山國小　郭士永

七、本活動變換方式：

亦可以「朋友眼中的我」、「弟弟眼中的我」、「姊姊眼中的我」、「老師眼中的我」等爲寫作的體材。

單元25：音樂語言

一、實施目的：

1. 協助學生探索聲音對我們的情緒和感覺的貢獻。
2. 發展學生聽覺的敏感度。
3. 發展學生的想像力。
4. 培養學生組合故事的能力。

二、實施對象：

國小中、高年級學生。

三、課前準備：

準備錄音帶（如古典音樂、交響曲等），其音樂內容本身包含有各種的不同故事和情感。

四、寫作方式：

採寫作故事的方式。

五、教學過程：

1. 教師播放錄音帶時，請學生閉上眼睛，仔細的傾聽，並用文字或圖畫記下其想像的內容。
2. 請學生在寫作之前討論所播放的錄音帶的內容。
3. 請學生寫下音樂中所表達的故事，及其所描述的情緒。

六、本活動的變換方式：

教師以錄音機錄製各種不同的聲音，（如腳步聲、開門聲、倒開水聲、打字聲……等）請學生辨認，並依不同聲音的先後順序，發展成一篇故事。

單元26：解除壓力寫作

一、實施目的：

1. 協助兒童了解寫作可作爲排除情緒壓力的一種方法。
2. 讓學生學習正確的體驗自己內在的情感世界。

二、實施對象：

國小及國中學生。

三、課前準備：

四、寫作方式：

採段落寫作的方式。

五、教學過程：

1. 跟學生說：「現在開始寫作有關你自己，以描述你如何感覺，表達你的生氣、故意、愛或絕望。儘可能快速的描寫出來，不要煩惱句子有無完整或字體有沒有寫錯。常常試著去正確地表達你如何去感覺。在紙上以寫作方式重新體驗你的內在的感情。」
2. 當你把感受寫完之後，若你有攻擊的衝動，可把寫好的紙張撕扭破壞。寫完之後，同學們亦可進行小組討論，做完這件事後的感覺及感想。

六、本活動的變換方式：

亦可用於描述你懷有幸福、快樂、希望和雄心時你的感覺。

單元27：觸摸遊戲

一、實施目的：

1. 使學生了解觸覺和語言經驗的關係。
2. 發展學生的觸覺知覺，啓發學生的想像力。
3. 培養學生的好奇心。

二、實施對象：

國小及國中學生。

三、課前準備：

準備一個大的箱子，裏面裝一個陶塑作品，箱內的內容不可讓學生窺視到。

四、寫作方式：

採寫作故事的方式。

五、教學過程：

1. 學生開始把手放入箱子中，不可窺視內容，借觸覺去感受箱內到底是什麼東西。觸摸活動後把箱子移去，請學生寫作一篇有關這個陶塑作品的故事的文章。
2. 全班共同把所寫的陶塑作品的名稱給予歸納分類。公佈陶塑作品眞正的形狀，討論每個人的心得。

六、本活動變換方式：

準備一個神秘箱，裏面放置不同的陶塑人物的東西，請學生伸手到箱中去摸，摸完後創作一篇箱中內容有關的故事。

單元28：我最討厭的……

一、實施目的：

1. 使學生透過寫作活動，表達他們的情感，發洩他們的情緒，提昇個人的情感，使情緒作用昇華。
2. 使學生學習如何克服個人的情緒。

二、實施對象：

國小低、中、高年級及國中學生。

三、課前準備：

四、寫作方式：

散文方式寫作。

五、教學過程：

1. 教師教導學生認知情緒和生活的關係，了解日常生活中偶而的對某些人、事、物反應情緒作用是正常的現象。
2. 指導學生每人敍述一件他所最討厭做的事情，並說明爲什麼？全班同學輪流發表。
3. 請全班每一位同學寫作一篇文章，敍述「我最討厭的一個人或一種動物、或一件事、或一個地方、或一件東西」。內容包括討論什麼人（或事、或地方、或東西）？爲什麼？如何去克服這個情緒？……等。

單元29：創造性閱讀心得寫作

一、實施目的：

1. 培養學生從閱讀中獲得知識。
2. 教導學生從閱讀中產生新觀念。
3. 養成學生閱讀後摘記要點，寫下自己的感想和提出質疑問題的習慣，並可以培養學生的價值判斷能力。

二、實施對象：

國小中、高年級及國中學生。

三、課前準備：

教師規定每一位學生閱讀一本好書，這些好書教師可以列成目錄給學生，請學生選一本自己喜歡的書來閱讀。

四、寫作方式：

讀書報告的寫作方式。

五、教學過程：

1. 教師請學生報告他所閱讀的一本書，並註明自己爲什麼選這本書來閱讀？這本書的內容？大意？自己最大的收穫？
2. 教師提供寫一篇讀書報告的格式如下：
   (1) 書名：
   (2) 著者：
   (3) 出版社：
   (4) 出版年代：
   (5) 內容提要：
   (6) 讀後心得：

每一位學生按此格式寫下自己最喜歡的一本書的閱讀心得報告。

六、教學實例：

開放的人生

書名：開放的人生

著者：王鼎鈞

出版者：柯青華

出版年月：七十四年七月

內容提要：

開放的人生是王鼎鈞著的一本散文小品集。一共收了一百篇散文小品，每篇字數在四、五百字左右，寫的都是他對人生開放、樂觀的看法。他把人生看得十分的透徹，並用簡單的文字表達出來，鼓勵人們要有信心，不自暴自棄，在失敗中站起來。

他在「完人」中說的一段話，很值得我們深思：「謹愼自愛本是美德，但是倘若過分，就變成畏縮無能。在戰壕裏，戰士倘若開槍射擊，就容易使敵人瞄準他的位置，但是一槍不放的戰士又如何立功？多做多錯，少做少錯，不做不錯，這句話的確是經驗之談，但是發明這句話的人可曾想過：不做不錯的『不錯』，到底有什麼價值？」

讀後感：

我們這一個個幼稚的小孩，有誰知道人生的意義是什麼？怎樣做人？做一個什麼樣的人？成功的秘密在那裏？我會成功嗎？遭受打擊和挫折時怎麼辦？怎樣化除內心的徬徨苦悶？老一輩的經驗完全有用嗎？……這本書針對青少年的疑難，提出卓越的看法，促進下一代的心智成長。是一本值得一看的好書。

（台北市中山國小　資優班　劉又嘉）

單元30：寫出五官的感覺

一、實施目的：

1. 引導學生敏感於生活週遭的人、事、時、地、物的各項變化。
2. 引導學生用心去體會生活週遭的各種事物。作爲創造觀念的來源。
3. 指導學生用文字正確的表達他們對外在世界的感觸。
4. 培養學生感受週遭生活的多彩多姿。

二、實施對象：

國小二年級以上學童。

三、課前準備：

教師提示學生下課時，走到教室外、操場上或是合作社裏，注意一下看到了什麼景物？聽到了什麼聲音？摸到了什麼東西？聞到了什麼氣味？聯想到了什麼事情？甚至於星期假日有機會陪媽媽上菜市場買菜，應用我們的五官去感覺，事後筆記下來，留待作文課時發表用。

四、寫作方式：

循著五官的感覺，寫成一篇段落分明、有視覺、聽覺、觸覺、嗅覺、思覺的文章來。

五、教學過程：

1. 教師在上本堂寫作課前即已提示學生敏感於家庭或學校生活週遭的事物，用眼、耳、手、鼻、心去感覺並筆記之，教師可徵求二、三位口齒清晰的志願者上台發表記錄的結果，課後亦可將全班每位小朋友的筆記訂在教室佈置後面成績欄上，以便觀摩用。

2. 教師在黑板上寫一篇短文——

有一次，我生病了。

媽媽帶我到醫院去看病，醫生用那冰冷的聽診器，在我身上擺來擺去①，好像是一塊冰塊貼在我的胸前。

醫生聽診過後，拿出一枝針筒②，還帶著濃厚的酒精味③，忽然我叫了一聲④，原來是臀部挨了一針，好難過喔⑤！

3. 教師把這篇短文，慢慢唸兩遍，學童用心聽，師生共同分析，找找看哪個句子是用聽的，哪個句子是用看的，哪個句子是用摸的，哪個句子是用想的，哪個句子是用聞的。

①醫生用那冰冷的聽診器，在我身上擺來擺去——觸覺，用摸的。

②拿出一隻針筒——視覺，用看的。

③濃厚的酒精味——嗅覺，用聞的。

④叫了一聲——聽覺，用聽的。

⑤好難過喔——思覺，用想的。

4. 把五種感覺說明清楚後，請小朋友根據自己的課前筆記踴躍口述發表，比如：

看一看：①操場上，小朋友玩得很高興，有的在盪鞦韆，有的在跳繩。

②下課時，有的同學在合作社買東西，你推我擠的。

聽一聽：①一到市場，就聽到鬧哄哄的聲音，接著又聽到：「一斤五元！一斤五元！」原來是賣水果的販子在叫賣。

②「噹噹噹！噹噹噹！」上課了，我們快點回到

教室上課吧！

摸一摸：①老師今天穿的衣服，摸起來好滑啊！

②下課時，我和同學坐在柔軟的草地上，好舒服。

聞一聞：①嗯！校園裏桂花的味道，好香！

②菜市場裏的魚腥味，我最不喜歡聞它。

想一想：①菜市場裏雖然熱鬧，但是人太多，垃圾也很多，眞是受不了！

②放學時，有好幾輛車子堵在校門口，影響了交通和秩序，眞沒公德心！

5. 熟練怎樣敍述五官的感覺後，可指導學童開始寫作，哪一種感覺先寫，哪一種感覺後寫，都沒有關係。

六、教學實例：

本活動設計在國小三年級一個班級的暑期輔導課實地教學，作文題目是「夏天來了」，由於當時正值盛夏，小朋友能切身體驗夏天的景物和氣候，所以寫來效果特別好。

夏天來了

你看！花園裏百花盛開，芳香迷人，眞令人陶醉。媽媽在客廳也放了幾盆鮮豔又好看的花，客人來訪，以爲家裏噴了香水呢！

爸爸說：「夏天來了，雨水多，植物開得特別茂盛，蜜蜂採花蜜，蝴蝶也來飛舞，彩色繽紛，就像在開舞會一樣的熱鬧。」

夏季裏，蚊子、蒼蠅也多，室外空氣也不好，流汗特別多，一摸全身濕答答的，賣冰的攤販聲沿街叫賣。大家要做好環境衛生的工作，常疏通水溝，不製造髒亂，垃圾按照時間放在規定的地方，讓我們共同一起合作，過一個衛生又清涼的夏天。

（板橋市莒光國小　三年十班　廖翠珊）

單元31：聽故事錄音帶寫作

一、實施目的：

1. 滿足學童的好奇心。
2. 培養學童的想像力。
3. 指導學童學習聽的技巧。
4. 指導學童記錄故事的要點。
5. 培養學童佈局故事情節的組織能力。
6. 培養學童的問題解決能力。

二、實施對象：

國小二年級以上，已學會看圖作文，注意力能集中較久的學童爲佳。

三、課前準備：

教師可利用平時學生在教室吃午餐，學校實施廣播教育的時間或閱讀指導的時間，播放故事錄音帶，帶動氣氛。上課時的錄音帶和圖片，學生提供或教師自備亦可。

四、寫作方式：

由聽錄音帶、看故事圖片中，發揮想像力，聯想故事後半部的情節，聽一聽、看一看（前半部）、想一想、再寫一寫（後半部），完成整篇故事。

五、教學過程：

1. 教師先請一、二位擅長說故事的小朋友到講台上講一篇自己印象最深刻的故事，要求通暢與完整性。
2. 教師播放「比德與狼」的故事錄音帶，同時在黑板上依情節的發展逐一揭示圖片，隨著故事的變化，小朋友都發出了讚嘆、欣喜的呼聲。

3. 故事的情節分為「起、承、轉、合」四大階段，在每一階段大約結束時，教師即按掉錄音機，停止圖片的揭示，徵求自願者口述剛才聽到、看到的那個還沒講完的故事大意，要用詞簡明，把握住精彩的部份，或加上對話，使故事精簡而生動。

4. 在故事「起」、「承」兩個階段聽、看、口述結束後，接著是故事情節「轉」的部份，這時教師停止圖片的揭示，並且在情節「轉」的階段，也就是故事播到一半進入高潮，忽然停止錄音帶的播放，讓小朋友為這個故事，運用想像力，編出「起承轉合」中「轉」的後半部及「合」的部份，然後再把這個有結果的故事，完整的寫出來。

例：「在一座森林裏，住著一戶人家，那是比德和爺爺，他們有許多動物陪伴著，每天快樂的生活在一起。有一天早晨，比德在花園裏玩耍，樹上的小鳥對比德說：「這裏好清靜啊！」比德說：「是啊！」後來又從池塘邊來了一隻鴨子，驕傲的鴨子嘲笑小鳥不會游水，小鳥也不甘示弱的嘲笑鴨子不會飛，他們吵來吵去，互不相讓，比德在一旁笑得合不攏嘴。

這時，爺爺出現了，對著他們說：「最近常常看到有狼的足跡，而且有好多動物都失蹤了，你們快別吵了，大家要團結合作，一起想辦法消滅這可惡的狼，否則，恐怕我們都沒有安寧的日子好過」，說著說著，忽然刮起一陣風，站在樹上的小鳥顫抖的說：「爺爺！爺爺！狼！是狼來了」……

5. 小朋友接故事之前，要指導他們先構想好整個的情節，這時，教師可提示下面要點：

(1) 狼果然來了，大野狼凶惡的樣子，小鳥鴨子們害怕的心情和動作，要仔細的想一想，把它寫出來。

(2) 假如你是比德，你會與爺爺還有森林裏的可愛動物們，怎樣想辦法對付野狼的侵襲？

(3) 如果野狼被比德他們抓住了，他們會怎樣處理這隻野狼呢？若是野狼得逞了，結局又是如何呢？

請小朋友發揮超人的想像力，安排後半部的故事情節，假想自己是故事中的人物，運用智慧想辦法捉住野狼。

六、教學實例：

本教材在國小三年級的班級實地教學，小朋友上課情緒高昂，紛紛發表了解決問題的辦法，並能用通順的語句將故事完整的寫出來，以下是一篇寫作實例：

比德與狼

在一座森林裏，住著一戶人家，那是比德和爺爺，他們每天和一群很可愛的動物生活在一起。

有一天早晨，比德在花園裏玩耍，樹上的小鳥對比德說：「這裏好清靜啊！」比德回答說：「是啊！」這時從池塘那邊來了一隻鴨子，這隻驕傲的鴨子嘲笑小鳥不會游水，小鳥也不甘示弱的嘲笑鴨子不會飛，他們倆互不相讓的吵來吵去，吵個沒完，可是比德卻在一旁笑得合不攏嘴。

這時，比德的爺爺出現了，對著他們說：「最近常常看到狼的脚印，而且有很多動物也無緣無故的失踪，很有可能是被狼吃掉了，你們快別吵架，大家應該團結合作，想辦法消滅這可惡的狼才對呀！否則，恐怕我們都沒安寧的日子好過。」說著，說著，忽然刮起了一陣風，站在樹上的小鳥顫抖的叫：「爺爺！爺爺！狼！狼！

是狼來了！」比德趕緊把爺爺扶回屋裏去，鴨子跑得慢，結果被大野狼活活的吞進肚子去了，在樹上的小鳥嚇得不敢亂動，大野狼在樹下急得團團轉。

比德在屋內看得很清楚，他拿了一捆繩子，靜悄悄的爬到牆上，跳到樹枝上，比德叫小鳥在大野狼的頭上飛，大野狼真是又急又氣，想把小鳥一口吞掉。比德把繩子打了一個活結，然後一點一點的放下來，剛好套在大野狼的尾巴上，大野狼想跳上來吃小鳥，一不小心，繩子就愈拉愈緊，比德把繩子的另一頭綁在樹上，獵人剛好追過來正要開槍，比德說：「獵人先生，請不要開槍，我想把大野狼送到動物園裏去。」大家都贊成，就一起出發到動物園去了。

比德走在最前面，獵人在後面抬大野狼，小鳥高興的說：「我們抓到大壞蛋了。」如果你注意聽的話，還能聽到那隻驕傲的鴨子，在大野狼的肚子裏求救的聲音呢！

（板橋市莒光國小　三年十班　黃國晉）

單元32：你和我

一、實施目的：

1. 幫助學生發展一個更良好的自我形象。
2. 啓發學生的自我反省和自我探索。
3. 培養學生良好的人際關係。

二、實施對象：

國小中、高年級及國中學生。

三、課前準備：

教師請學生準備8開圖畫紙一張，繪畫用的筆和顏料。

四、寫作方式：

採段落寫作方式。

五、教學過程：

1. 請學生用鉛筆、水墨或顏料，把心裏對自己所知覺到的自我，用描繪圖畫的方式表示出來。
2. 在此圖畫作品的背面，請寫作一篇自己所知覺的有關班上同學或同輩遊伴所認爲的他的文章。在寫作文章時，不可翻看前面的圖畫部份。
3. 比較前圖和後文，然後全班分成小組討論。

單元33：依聽覺創作故事

一、實施目的：

1. 激發學生的好奇心。
2. 發展學生對聲音的訊息有較大的知覺能力。
3. 發展學生對各種不同聲音及其意義的理解。
4. 發展學生的想像力，及組織能力。

二、實施對象：

國小及國中學生。

三、課前準備：

教師以錄音機錄取各種用以傳達訊息的聲音，例如：救護車的聲音、警察的笛聲、群衆的歡呼聲、鬧鐘的響聲、開門的聲音、木屐的響聲、哨子的聲音、或是鼓掌的聲音等。

四、寫作方式：

故事寫作的方式。

五、教學過程：

1. 教師以錄音機播放預先錄好的各種聲音給學生聽，請他們去辨別不同的聲音，並請說出這聲音所代表的意義。
2. 請學生選擇使用不同的聲音去告訴一個故事，也就是依所聽到的聲音及其訊息去編製一個故事，然後把這個故事寫出來。

（取自Turner， 1978， P.47）

單元34：依嗅覺創作故事

一、實施目的：

1. 激發學生的好奇心。
2. 發展兒童較敏銳的嗅知覺。
3. 發展兒童的想像力及組織能力。

二、實施對象：

國小中、高年級及國中學生。

三、課前準備：

教師準備能發出各種氣味的東西，讓學生體驗各種不同的氣味。

四、寫作方式：

寫作故事的方式。

五、教學方式：

1. 本活動在教導學生藉嗅覺來幫助創作故事。
2. 請學生列舉不同嗅覺的東西，及其所發出的氣味。例如：
   香水、花香、草香、水果香：香味
   動物的體臭、腐蝕物、焦味：臭味
   醋、腐蝕物：酸味
3. 請學生列舉他們所聞過的東西的味道，並能敍述有關這些味道的有趣的或驚人的經過情形。例如：聞到松林的味道或杉木匣的味道。請學生創作一個有關於松林險惡危險大火的故事或有關此杉木匣的傳奇的故事。

六、本活動變換方式：

請學生扮演「盲人之旅」，把他所聽到的聲音和聞到的味道以故事的方式描述出來，請其他同學猜猜他曾經去過什麼地方。

單元35：名詞廣角定義

一、實施目的：

1. 養成學生從各種不同的角度看一個問題。
2. 培養學生民主的風度，能容納別人的不同系統和想法。
3. 訓練學生的思考細密、週全。
4. 讓學生體會到,事物並非絕對,使更具彈性地思考處理問題。

二、實施對象：

國小及國中學生。

三、課前準備：

四、寫作方式：

句子及段落的寫作方式。

五、教學過程：

1. 教師在黑板上寫「書桌是……」讓學生「各說各話」，定出不同的意義，並說明爲何下如此的定義。學生可能的反應：
   (1) 寫東西的平面。（因常在上面寫功課）
   (2) 休閒的地方。（因可在上面打小電動玩具，打瞌睡、玩遊戲）
   (3) 藏寶之處。（因抽屜可放許多小寶貝）
   (4) 思想的泉源。（因可以學習功課）

   ⋮

   ⋮

2. 教師可指導小朋友把這些不同的定義，綜合起來，用一段文字來敍述。所下的定義愈週全愈好。

如：「書桌是寫東西的平面，

人們可以在書桌上學習功課。

書桌大都有抽屜，

可以藏許多小寶貝。有時也可在

上面打瞌睡、玩遊戲呢！」

3. 教師提出一些名詞，讓每位學生寫不同的定義及原因，愈多、愈週全、愈新奇、愈獨特愈好。

「汽車」是走動的火柴盒

是吞人的怪獸

………………

………………

「火車」是會賽跑的巨龍

………………

………………

「結婚」是新郎給新娘戴戒指

………………

………………

「字典」是不會說話的老師

……………………

……………………

單元36：自畫像

一、實施目的：

1. 幫助學生發展摘要、歸納、分類、總結的能力。
2. 幫助學生更加了解自己。
3. 培養學生觀念的流暢性。

二、實施對象：

國小中、高年級及國中學生。

三、課前準備：

四、寫作方式：

寫作段落的方式。

五、教學過程：

1. 教師介紹人的屬性。例如：高䠷、單薄、內向、挑逗的、神經質的、英俊的、氣派的、神秘的……。
2. 學生以腦力激盪方面列舉人的屬性。
3. 學生對於這些屬性加以歸納，如：外形特徵、動作特徵、人格特徵等。
4. 分組研討，每個學生在小組中敍述自己的屬性，並歸納出自己的最主要的屬性特徵。
5. 讓每一位學生寫一個段落來描述自己。此段落當然愈活潑、生動、俏皮有趣愈好。

六、本活動的改變的方式：

請學生寫二行對偶押韻的詩句，或四行以上的押韻詩來自我描述。

單元37：語言、動作、表情的具體化

一、實施目的：

1. 指導學生寫作的內容更加眞實、傳神、生動、活潑。
2. 培養學生敏銳的觀察力和描寫力。

二、實施對象：

國小一年級以上的學童。

三、課前準備：

若學校教具設備充裕的話，可放映卡通影片給學生觀賞；或在課前提示學生在上某些課時，注意老師和小朋友的動作、表情和會話，注意深切的體會和周密的觀察，以幫助作文的完整與通順。

四、寫作方式：

透過觀察週遭人物（老師、小朋友、家人、鄰居、親戚、卡通人物……）的動作、表情和會話，練習寫形式上生動有趣，內容上完整通順的作文。

五、教學過程：

1. 寫作前以自願方式，先請同學們上台練習說出自己課前觀察的結果，其他小朋友注意聽，講完後，師生共同分析口述者講了哪些屬於「動作」的句子？講了哪些屬於「表情」的詞句？講了哪些屬於「會話」的句子？一邊欣賞，一邊指正。
2. 欣賞指正後，教師強調在作文裏聽到的聲音——會話，可使作文生動不呆板，但是把人物說的話寫出來的時候，要注意什麼呢？

(1) 在「說」字的下面加上一個冒號（：）。

(2) 冒號的下面是引號（「」），引號的中間就要寫出主要人物所說的話。

(3) 不管是冒號或引號，都要寫在格子裏，一個符號占一格，不要和字擠在一起。

例如：老師走進教室，很嚴肅的說：「全班坐好。」

3. 教師在黑板上揭示一張師生在一起做遊戲的圖片，試著讓小朋友口述圖片的內容，注意要有人物的動作、表情和會話，老師可以問小朋友一些問題，提示其創作的觀念：

(1) 你想他們在做什麼？

(2) 老師站在什麼地方？表情怎樣？

(3) 老師有些什麼動作？說了些什麼話？

(4) 圍成一圈的是小朋友，他們張開嘴在做什麼？

(5) 每個小朋友的臉上有什麼表情？快樂嗎？手腳身體有哪些動作？

4. 請每位學生想好作文題目，可以剛才老師揭示在黑板上的圖片爲材料寫作文，亦可自訂其他題目，不但要寫出什麼人在做什麼事，最重要的在作文裏，加上每個人的動作、表情和會話，這樣寫來，這篇文章就有變化，可在作文裏看到人物的動作和表情，也可聽到人物說話的聲音。寫得愈詳細，愈生動活潑愈好。

5. 亦可採圖文聯作，作文附上自繪插圖，人物和背景畫成平面式或作成立體式均可，優秀作品做教室佈置用。

六、教學實例：

本教材經實地教學實施結果，學生均能敏於觀察周遭的事物，上課時氣氛熱烈，反應奇佳。下面介紹學生寫作的實例：

上唱遊課

「噹…噹…」上課了，這節是唱遊課，老師笑嘻嘻的走上講台，然後帶我們到操場，老師說：「今天我們一邊唱歌，一邊做遊戲。」我們都高興的跳起來了。

首先老師叫我們排成一個圓圈，然後由一個人當鬼，老師幫忙當鬼的人把眼睛蒙起來，然後當鬼的人就四處抓，我們就唱歌，凡是手放掉的，就當鬼。「噹…噹…」下課了，我們還是興致未消的唱著玩著，可是老師卻掃興的說：「該回教室了。」我們才愁眉苦臉的進教室。

（板橋市莒光國小　三年十班　黃國晉）

單元38：情感的具體化

一、實施目的：

1. 指導學生將喜、怒、哀、樂、愛、惡、欲等抽象情感寄託在敍事描物裏，以襯托出情感。
2. 培養學生分析情感的能力。

二、實施對象：

國小低年級以上，即可實施。

三、課前準備：

課前要兒童準備發表（口述）自己最愛的一個人，以及為何愛他（她）的原因。

四、寫作方式：

化抽象為具體，以實際的例子，具體的動作、聲音、表情來表現母子之情、師生之情……。

五、教學過程：

1. 請兒童口述自己最愛的一個人，他是誰？以及愛他的原因何在？這時兒童可能口述的內容都過於籠統，比如最愛的人是「媽媽」，兒童可能都不斷的稱讚母親偉大、溫柔、寬容……等一大堆好聽的頌詞，這時教師要掌握時機，提示兒童舉出描寫媽媽偉大辛勞的事實來，避免只用抽象的形容詞來描述。
2. 練習化抽象為具體，教師舉出勤勞、嘮叨、懶惰、偉大……等抽象形容詞，指導兒童思考，以事實舉例說明，愈多愈好。
3. 引導兒童回憶生活經驗口述一件事實，以母親的動作、聲音、表情來描寫母親的偉大、辛勞和對孩子的苦心，抒發對母親敬愛之意。

以動作爲例：

(1) 母親的手，不停的忙碌，從小餵我們吃東西、蓋棉被，在寒冷的冬天也要洗衣服，給我們穿上最溫暖最乾淨的衣服。

(2) 每當我過生日時，媽媽總是買我最喜歡的巧克力奶油蛋糕爲我慶生，而且省吃儉用、不辭辛勞，帶我去學作文、學鋼琴。

以聲音爲例：

(1) 媽媽對我的功課很關心，她常常告訴我：「你數學不好，上課時要注意聽老師的話」。每次我寫作業有不懂的地方，媽媽總是有耐心的教導我，有一次考試退步了，我很傷心，媽媽安慰我說：「傻孩子！別難過，人難免有粗心的時候，只要以後細心一點就沒事了，乖！快把眼淚擦乾。」

(2) 「小寶貝！醒醒！醒醒！上學要遲到了，快點起床，桌上有牛奶和三明治，要記得吃喔！」媽媽每天都晚睡早起，照顧全家人的生活，一句怨言也沒有。

以表情爲例：

(1) 有一天，鄰居的小孩到我家來玩，搶著要妹妹的洋娃娃，可是妹妹不給他，恰巧媽媽看到了，臉上浮出一絲絲的笑容，說道：「沒有關係，給他好了，過幾天，我再幫妳買一個」。

(2) 記得小時候，我半夜發高燒，哭鬧不止，媽媽抱著我直往醫院衝，那時我看見媽媽冷汗直流，手一直在發抖，直到我病情好轉，媽媽才稍微的放下心，眼淚一直在眼眶中打轉，又哭又笑的。

4. 請兒童自訂一個題目，只要這個題目和抽象的情懷「愛」有關連即可，對象不侷限是母親，也許是老師或其他生活周遭的人物。題目可訂爲：「老師！我敬愛您」、「難忘的人」、「母親節感言」、「媽媽！謝謝您」、「我的祖父」等，任選一題寫，或自創一題來寫。

5. 題目訂好後，爲了豐富文章內容，指導兒童慢慢擴大聯想，用筆先將和題目有關的材料列舉出來，性質相同的材料擺在同一段來寫，若是內容太長時，比較不重要的事實（證明人物特性），就捨去不寫，這樣才會結構完整，內容豐富，而且始終切題，層層連貫。

   比如：

   (1) 嘮叨：「你下午兩點要學作文，四點要練鋼琴……你又在看電視了，還不快去把功課寫完。上次月考退步了，還不用功一點，還有……」。

   (2) 蠻橫：有一次我當値日生，不小心把水灑到玻璃上，擦窗戶的同學橫眉豎眼，破口大罵：「喂！你沒長眼睛是不是？灑水也不看清楚！」

   (3) 欣欣向榮：春姑娘一來到，到處一片綠油油的，郊外風景好美，花兒盛開，空氣新鮮，天空也好藍好亮，農人們忙著挿秧，希望能有好收成。

   (4) 勤勞：在我們家中，媽媽最勤勞，早起忙打掃，還要上班補貼家用，下了班還要做晚飯，洗衣服，總是最後一個上床睡覺。

六、教學實例：

本教學活動單元設計在板橋市莒光國小三年十九班實施，學生均能敏於觀察，踴躍發表，以下是兩位小朋友的作品：

老師我愛您

在學校裏，老師每天教我們讀書、寫字、唱歌、遊戲、和讀書的方法。

老師臉上常常帶著微笑，他的頭髮長長的，那就是我的級任老師「鄭靜芬老師」，如果我們有困難，老師就會幫助我們，解決困難。

老師他會很細心的教我們。班上有幾位害群之馬，他們很搗蛋，老師告訴他們不要再搗蛋了，不然要受罰，我們不願給老師生氣。

鄭老師他待人親切、和藹可親。常常對我們說：「做事要有責任」。這也是我長大後，永遠要記住的話。（曾好嘉）

媽媽我愛您

我的媽媽每天都忙著車衣服，也教我寫功課，還每天洗衣服，很累，很想休息一會兒。

媽媽想要休息的時候，知道我有功課很困難，她就放棄休息，陪在我身旁教導我。

媽媽曾經告訴我一句話，說我們不能學別人說謊話，不然長大就變成強盜、殺人犯，會被人瞧不起。

媽媽每天想看他喜歡看的電視，因爲工作太多，所以不能看。媽媽每天一直工作，很辛苦。所以我們要聽話，不要惹媽媽生氣。我永遠愛我的媽媽。（李承芳）

單元39：十全聖人

一、實施目的：

1. 幫助學生澄清他們自己所認爲的理想的一個人的觀念，以增進自我的了解及了解別人。
2. 培養學生模仿偉人的行誼，養成良好的德行。
3. 培養學生觀念的流暢性及組織觀念的能力。

二、實施對象：

國小及國中學生。

三、課前準備：

偉人略傳故事書。

四、寫作方式：

段落的寫作。

五、教學過程：

1. 教師可說一位偉人的故事，敍述其不平凡的行誼。
2. 把學生分組，小組中每個人輪流敍述自己所崇拜的人的特質，以及爲何崇拜他。
3. 小組並討論出一個十全十美的人應該具備有那些條件，並列舉出一張表來。各組再比較各組間十全聖人其特質有何異同。
4. 每個學生寫作一篇文章，描述一位十全十美的人（包括他的能力、個性、才幹……等），此十全十美的人是學生個人所崇拜或想要成爲的理想的一個人。不管此人是眞實的或是想像的均可，但是此人應具備基本的道德。

六、本活動的轉換方式：

1. 兒童選擇一個人（不管是古代或現代的人）作爲他的理想中的人，並寫出爲什麼？
2. 請學生創造一個想像的理想的一個人。可從下列屬性去描述這個人：

   體重：

   高度：

   眼睛的顏色：

   頭髮的顏色：

   特殊的生理特徵：

   特殊的能力：

   個性特徵：

   偉大的行誼：

   最好的朋友：

單元40：抽象觀念的烹調

一、實施目的：

協助兒童分析多種觀念和情感，了解各種文字觀念和情感的內涵意義，並能把各種觀念加以具體化。

二、實施對象：

國小高年級及國中學生。

三、課前準備：

教師準備幾本食譜。

四、寫作方式：

描寫具體步驟的段落的寫作方式。

五、教學過程：

1. 教師展示食譜給學生，並分析食譜的寫作方法。
2. 請學生為一些抽象的觀念，如：和平、快樂、自由或正義開出烹調的食譜。例如在「和平」的烹調法，請學生先列出「和平」包括的內涵意義有：愛、了解、尊敬、豁達、分享、幽默……。
3. 教師引導學生分析這些內涵意義彼此之間的關係。
4. 例如：「和平」的烹調法：

   「開始時對造物主有一種敬畏和愛的感覺。混合對於人類同胞有二份的了解和二份的愛。再摻合人類感受性中的寬宏豁達的部份。再加上有分享的意願，放入一點幽默，倒入一個空的世界並且允許慢慢的煮沸，直到每個人的心中感受到它為止。」
5. 請學生各選一個抽象的概念，並具體化、步驟化的寫出抽象觀念的烹調法。

六、本活動的變換方式：

1. 請學生爲別人的情況，如：破碎的心、完美的婚姻，寫作一則烹調食譜。
2. 請學生寫出心理的情感的烹調食譜。
3. 請學生寫出這些情感的處方。

（取自Turner， 1978， P.48 ）

單元41：名人軼事

一、實施目的：

1. 幫助學生了解偉人對我們社會的貢獻。
2. 使學生了解偉人的行誼，並思景仰效法他們。
3. 培養學生的想像、分析、綜合及組織能力。

二、實施對象：

國小高年級及國中學生。

三、課前準備：

搜集一些偉人的小故事的文章，讓學生閱讀及參考。

四、寫作方式：

請學生編寫故事一則。

五、教學過程：

1. 教師朗讀幾篇偉人的故事的文章給學生聽，或請學生敘述一些偉人的故事，以引起同學們的學習動機。
2. 教師說明這些偉人的小故事不一定是眞實的，有些是後來的人們爲了說明對偉人行爲的尊敬而以想像力編造出來的。（例如美國華盛頓總統與他的櫻桃樹）
3. 請學生列舉古今中外的偉人，及其偉大的道德行爲事誼，例如：司馬光—勇敢，楊香—孝順，關公—正義，包公—廉正，孔明—忠誠。再請他們選擇一、兩個偉人，就他們的偉大人格，編造（虛構的）一個故事，來加以證實其行爲的偉大。

六、本活動的變換方式：

請學生以「假如…」爲故事的開頭，寫一篇文章說明假如某某偉人在一生中做了某一個不同的決定，則他的一生將會有如何的改變。

單元42：一隻外星球來的蝴蝶

一、實施目的：

1. 培養學生勇敢探索問題的好奇心。
2. 引導學生展開想像的翅膀，表現生動活潑的想像力。
3. 引導學生的思考特立獨行，標新立異、鶴立雞群、與衆不同。

二、實施對象：

國小及國中學生。

三、寫作方式：

採敍述故事的寫作方式。

四、課前準備：

教師課前準備一些充滿神秘、奇異、科幻之音的錄音帶。亦準備一些有關外太空的世界的圖片、玩具。

五、教學過程：

1. 教師請學生閉上眼睛，播放充滿神秘、奇異、科幻之音的錄音帶給學生聽，引發學生上課的好奇心。教師強調聽音樂時，讓自己憑直覺去感受音樂中的世界。
2. 教師展示外太空的世界的圖片、外星人玩具……等。引導學生區辨外太空的世界和地理的世界有何不同。
3. 教師引導學生討論說：「假如有一隻外星球的蝴蝶，不知什麼原因掉到地球上來，被一位小朋友發現，同學們用你的想像力來寫出有關這隻外星球來的蝴蝶的故事。」故事的內容包括：
   - 它是怎麼掉到地球上來？及怎麼被小朋友發現的？

- 它有那些奇特的五官構造，才能適應外星球的特殊生活環境？
- 它的遭遇和處境會怎麼樣？它可能在地球上生存下去嗎？要如何生存下去呢？

4. 教師請每一位小朋友創造一個有關一隻外星球來的蝴蝶的故事，故事的內容參考上述問題討論的內容。

六、本活動變換方式：

一隻外星球來的蝴蝶，可改成想像「一隻外星球來的怪昆蟲」、「一隻外星球來的隱形動物」、「來自外星球的礦物人」……等。

單元43：紫箱子的秘密

一、實施目的：

1. 激發學生探索秘密的好奇心。
2. 培養學生對問題的敏感性。
3. 培養學生邏輯思考的組織能力。
4. 培養學生的想像力。

二、實施對象：

國小及國中學生。

三、寫作方式：

敍述故事的寫作方式。

四、課前準備：

繪製故事內容的圖片。

五、教學過程：

1. 教師以未完成的故事，製造模糊的情境，激發學生探索秘密的好奇心，故事開頭的內容：

「有一天，原本黑暗、陰森，少有人跡的黑森林中，突然出現了十幾個人，他們攜帶背包，爲首者拿著地圖，探索前進，似乎是在找尋什麼東西。

最後，他們找到地圖上所提示的一棵可容十多人圍抱的巨樹，大樹旁壓著一塊巨石，爲首的人說，也許入口就在這裏」，於是十幾個人合力把石頭推開。「我們找到了……」大家突然齊聲驚叫。原來他們推開石頭後，發現石頭壓住的地方，有一個可容一人爬進的樹洞。於是這批人陸續的鑽入黑暗的洞中。

奇妙的是，洞裏剛好有一條狹窄的地道，通往一個巨大的山洞。這批人點燃火光，懷著驚奇、盼望、恐懼、興奮交雜的心情，在山洞中搜索。最後，這批人在一間小石室中找到了一個可容納三個成人的巨大紫箱子，十幾個人欣喜若狂，開懷大笑……。

2. 教師問學生，聽完了剛才的故事的起頭，有沒有發現什麼問題……。教師引導學生發現問題，並解決問題。

   學生所敏感到的問題如：

   (1) 這批人那裏來？
   (2) 何以放聲大笑？
   (3) 紫箱子何以是紫色的？
   (4) 紫箱子的內容？
   (5) 紫箱子那裏來？
   (6) 這個故事的結果？

3. 教師針對上述學生所提出的問題，引導全班同學用想像力，討論這些問題的解答。

4. 討論完畢後，請每一位同學寫一篇文章，揭開紫箱子的秘密，和發現紫箱子的結果。故事內容包括：

   (1) 誰的紫箱子？誰找紫箱子？（ who ）
   (2) 爲什麼紫箱子會藏在這裏？（ why ）
   (3) 這批人找紫箱子做什麼？箱子裏面有什麼？（ what ）
   (4) 故事發生的地點？（ where ）
   (5) 故事發生的時間？（ when ）
   (6) 如何處理紫箱子？（ how ）

5. 老師鼓勵學生儘量把故事的內容安排得神秘、懸疑、刺激、動人、有趣、高潮迭起。

單元44：神奇的七彩鳥

一、實施目的：

1. 教導學生喜歡聽故事，並樂於編故事。
2. 引導學生發揮他們的想像力。
3. 教導學生思考、分析問題，組織安排一個故事的情節。

二、實施對象：

國小及國中學生。

三、寫作方式：

採敍寫故事的寫作方式。

四、課前準備：

教師課前準備好鳥聲的錄音帶及錄音機。

五、教學過程：

1. 教師播放鳥聲的錄音帶，激發同學的學習動機。
2. 教師講一個有關鳥類的故事，叫「神奇的七彩鳥」。

   故事的內容如下：

   「**神奇的七彩鳥**」故事內容：

   很久以前，在陰森、黑暗、神秘的黑森林中，有一座城堡，由於它建築在黑森林中，因此這座城堡也充滿了許許多多神奇鬼怪的傳說，人們稱這座城堡爲「黑城堡」。

   黑森林中住著兩位巫婆，黑巫婆個性貪心、狠毒、喜歡捉弄別人，所以人們不喜歡和她往來，她一個人孤孤單單的住在黑森林中的小屋。白巫婆則熱心、待人寬和、替人醫病及問卜算命，因此受到黑城堡人民的歡迎，也是黑城堡國王的好朋友。

話說黑城堡國王年輕時獲得一隻神奇的鳥（提問：國王如何獲得牠？）這隻神奇鳥的身體像駝鳥一樣大；可以載人飛行；牠的嘴上長白鬚，牠不但會唱歌，還可以把其他鳥類講的話說給國王聽，牠也是鳥類的國王，能命令其他鳥類唱歌跳舞。最奇特的是牠身上的七彩羽毛，白天只要把羽毛張開，陽光照到羽毛，就會發出七彩光芒，非常奇特美麗，所以又稱爲「七彩鳥」。國王十分珍愛七彩鳥，把牠視爲國寶，嚴加看管。除非王后、公主和養鳥僕人，別人不得接近。黑巫婆一直想奪得七彩鳥，但由於看管嚴謹，故也莫可奈何。

這一天，黑城堡舉國歡騰，原來是國王爲公主舉行十五歲的生日宴會。各國國王、王后、公主、王子、貴族都被邀請，場面十分熱鬧。公主的生日禮物中，她最喜歡的是白巫婆送給她的「點石成金魔棒」，這隻魔棒可把各種形狀的石頭只要敲三下，就會變爲自己所喜歡的東西。公主常把它珍藏在身邊。

當黑巫婆獲知公主的生日宴會有邀請白巫婆而沒有邀請自己時，十分的憤怒，再加上一直想奪得七彩鳥，因此更堅定了他奪得七彩鳥和向公主報復的心理。（提問：她會用什麼辦法去奪得七彩鳥和陷害公主呢？）

黑巫婆就扮演成可憐的老婦人，天天守候在皇宮側門前，等待公主的出現。這一天，公主穿著獵裝，準備到城外打獵。黑巫婆見機會來了，馬上假裝號淘大哭，以吸引公主注意。公主生性善良，聽到有老太婆的哭聲，就叫部下去把她帶來問明原因。黑巫婆撒謊說：「美麗善良的公主啊！我的兒子快病死了。聽白巫婆說，只有七彩鳥的唾液當藥，才能救活我的兒子，可是我到那兒去找七彩鳥呢？我的丈夫早逝，只有這個兒子相依爲命，現在他又將要病死了，妳說我該怎麼辦呢？」說著，假裝又大哭起來。公主心地善良純潔，中了黑巫婆的陰謀詭計，就私自答應黑巫婆在三天後的晚上，願意親自騎著七彩鳥去救她的兒子。於是和黑巫婆約好在山腳下黑巫婆所設計的茅屋中見面，並以燭光爲記號。

約會的那天深夜，公主把七彩鳥偷出來，騎在牠身上，直奔山腳下去。可是奇怪的是，公主找了很久，均未發現有燭光的茅屋，七彩鳥在天空中到處找尋，最後竟迷失了方向，公主只好降落到地面找尋。但是，只見一片石頭地，那有茅屋的踪影。公主又累又怕，不禁坐在石頭上大哭起來。天黑迷路，無家可歸，她該怎麼辦呢？此時公主突然想起白巫婆送她的「點石成金魔棒」，於是她就從懷裏取出魔棒，把在地上不同形狀的石頭敲三下，果眞變成了公主需要的東西，公主十分驚訝，也非常高興，於是當晚吃、住的問題就解決了。隔天，趁太陽未上山前，騎著七彩鳥回皇宮去了。

爲什麼公主找不到茅屋而未被陷害呢？原來白巫婆知道黑巫婆的陰謀時，已來不及告知公主，於是她就用巫術，請來「黑森林之神」，請他背著幾朵烏雲，把茅屋蓋住，使公主因找不到茅屋而免於受害，也使黑巫婆的詭計未能得逞。

3. 教師講完故事後，請學生敏感於故事的問題，對於故事的內容，提出任何問題；例如：

(1) 國王年輕時，怎麼獲得這隻七彩鳥？

(2) 黑巫婆會就此甘心嗎？還可能有其他的陷害企圖嗎？

(3) 黑白雙巫怎麼鬪法？

(4) 七彩鳥爲什麼那麼神奇？

(5) 公主長大後，怎麼樣呢？

………………

………………

………………

4. 教師請每一位學生寫一篇故事，名稱爲「神奇的七彩鳥續集」，敍述故事以後的發展，如：

「黑巫婆的再報復……

白巫婆再展神威……

公主長大後…………

…………………………」

單元45：神仙也瘋狂

一、實施目的：

1. 教導學生喜歡聽故事，並樂於編故事。
2. 培養學生敢於想像一些稀奇古怪的事情。
3. 讓學生奇思異想，發揮他們天眞神奇的想像力。
4. 教導學生組織安排想像的情節，培養思考的能力。

二、實施對象：

國小及國中學生。

三、寫作方式：

寫作所有「可能性」的句子。

四、課前準備：

五、教學過程：

1. 教師以有趣的故事「神仙也瘋狂」，來引起學生的學習動機，故事內容如下：

   在古時候，傳說天上有一個「造色神仙」，由他負責控制春、夏、秋、冬四季色彩的變化；白天黑夜的轉換，和世界所有事物各種不同的顏色。

   在「造色神仙」住的仙洞中，掛有一幅奇大無比的世界地圖，世界各地都在這張巨幅的地圖上。

   仙洞裏放著顏料，準備替世界上的事事物物塗上它們的顏色。

   「造色神仙」有一個徒弟，人們叫他「造色小神仙」，平時，小神仙在「造色神仙」旁邊，聽候師父的指示，在地圖上爲大地塗抹色彩。小神仙負責塗顏料，但是他不知道要怎樣調配顏色。有一天「造色神仙」有事要去拜訪遠方的朋友，於是就把小神仙叫來，教他調配顏色的方法，希望他在「造色神仙」不在的時候，能正常的控制整個世界上顏色的變化。小神仙學會以後，大神仙就騰雲駕霧拜訪朋友去了，小神仙看大神仙出門，也樂得清閒，一味地貪玩，早已把調配顏色的方法忘得一乾二淨。眼看就是變換大地事物色彩的時間了，小神仙忘了要怎樣調配色彩，急得要命，只好隨便拿起紅顏色的桶子，畫筆沾上顏料，在圖上隨便塗抹，這樣一來，整個世界上突然變成了「紅顏色的世界」。

2. 教師提出幾個討論的問題，讓學生儘可能作「可能性」的思考。
   (1) 假如世界上所有的東西均變成了綠色，會發生一些稀奇、刺激、有趣、怪異、嚴重的事情。
   (2) 假如世界上所有的東西均變成了紅色，會發生一些稀奇、刺激、有趣、怪異、嚴重的事情。
   (3) 假如世界上所有的東西均變成了黑色，會發生一些稀奇、刺激、有趣、怪異、嚴重的事情。
   (4) 假如世界上所有的東西均變成了黃色，會發生一些稀奇、刺激、有趣、怪異、嚴重的事情。
   (5) 故事的結局如何？
3. 教師請學生選擇一種顏色，儘可能的寫下所有可能發生的事情，及本故事的結局。

單元46：閣樓上的住客

一、實施目的：

1. 發展兒童構思推論的技巧。
2. 發展兒童構思故事情節的技巧。
3. 發展兒童的想像力。

二、實施對象：

國小及國中學生。

三、課前準備：

一張堆砌各種物件的雜亂老閣樓的圖片。

四、寫作方式：

寫作故事的方式。

五、教學過程：

1. 教師展示這張圖片給同學看，請他們想像可能會有那些有生命的小東西或小動物住在上面。（幻想的小生物如：小精靈、小矮人……等較好）
2. 畫出這些小生物可能的形狀，並給予它們命名。
3. 想像這些小東西它們吃什麼？平常做什麼？誰是它們的朋友和敵人？
4. 寫作一則有關它們的生活或奇遇的故事。

六、本活動的變換方式：

描述其他的地方可能住的小東西的生活，例如：地下儲藏室、垃圾場、廢棄物集合場。

（取自Turner， 1978， P。52 ）

單元47：幻遊夢境

一、實施目的：

理性思考無形中會抑制一個人的想像力，根據心理學家們的研究，許多創造發明的點子是來自於不合理的幻想。本活動提供兒童一個想像的空間，讓他們暫時拋棄理性思考的束縛，去海濶天空的幻想。也許有一天也會寫出如「愛麗絲漫遊記」的世界童話名著。

二、實施對象：

國小中、高年級以上學生。

三、課前準備：

教師準備以夢境爲內容的故事幾篇，如愛麗絲漫遊記、南柯一夢、桃花源記等故事。

四、寫作方式：

故事寫作方式。包括有時間、地點、人物、事物等。

五、教學過程：

1. 教師說幾個作夢的故事，如「南柯一夢」、「桃花源記」、「愛麗絲漫遊記」……等，引發兒童的學習動機。
2. 教師引導全班同學「說夢」，每一個人閉上眼睛，想想曾經作過的夢，並請幾位同學說出夢境的內容，當然內容敍述時要包括：人、事、時、地、物等要素。
3. 教師分析夢境的內容，基本上它雖是一個故事的發生，只是它是脫離現實，不合邏輯思考的故事，但其內容卻要包括：在什麼時候，什麼地點發生，發生的地點有些什麼東西，故事中的人物或動、植物，發生了什麼事……等。有順序的敍寫出來。若能重視情節的動人、高潮迭起，則是上等佳作。

4. 請每位同學寫作一篇自己作過的夢境，或想像一篇夢的內容。

六、教學實例：

奇異的夢

一天下午，我覺得很累，所以就閉目養神。忽然覺得身子在搖晃，我趕緊睜開眼睛；原來，我正在一艘觸礁的小舟上。我覺得很奇怪，我怎麼到這艘船上的。正當我在疑惑不決時，「砰」的一聲，原來船要沉了，我趕緊跳海，但是一陣大浪捲來，我就失去知覺。

當我醒來時，我躺在一個沙灘上，旁邊圍著一大群土人，他們身披豹皮，腰邊掛著骷髏頭，一副食人族的模樣。

眞的，他們拿了一條繩子，把我綁在一根樹幹上，有一個人，手中拿著一把火，把樹枝點燃，熊熊的烈火加上陣陣的濃煙，使我嚇得……。「鈺宗！你在做什麼啊？」啊！幸虧媽媽把我給叫了起來。否則，我就被食人族給吃了。

（台北市中山國小　資優班　高鈺宗）

單元48：飛機墜海了

一、實施目的：

1. 激發學生的好奇心。
2. 培養學生的想像力。
3. 培養學生的組織力。

二、實施對象：

國小中年級以上學童，以班級為單位，實施教學。

三、課前準備：

教師利用「閱讀指導」課的時間，帶領學童到學校圖書館閱讀有關科幻想像、童話創作的書籍，或指導學童在家閱讀具有虛構內容性質的故事書，亦可在自己班上的一角成立小小書庫，師生共同搜集有想像內容的書籍，利用下課時間自由取閱，使班級具有寫作虛構性作文的氣氛。待作文課時間，正式練習寫作事實加上虛構的文章。

四、寫作方式：

可用擬人法，將眞實的及有創作性表現的虛構內容混合起來，寫成一篇富有想像力的作文。

五、教學過程：

1. 教師指導兒童口述課前所閱讀有關科幻想像或童話故事的內容。要求敍述清楚，內容有完整性。
2. 教師先要小朋友假想一下，在一個廣場上，有一架新造成的飛機正在試飛，或是一架滿載著香蕉準備運送至日本的載貨機，中途遇到事故（撞到冰山、遇著龍捲風……），因為無法控制而墜入海中。

3. 本來飛機墜海是一件可怖的事，然而我們可以把它美化、趣味化，寫出他的心情來。譬如：

「飛機墜入海中後，開始自由的旅行。他眞是既興奮又緊張，起先他有些兒害怕，翻了個筋斗，鼓足了勇氣，慢慢的遊覽這奇妙的海洋。」

或者說：「小飛機——藍藍，離開天空以後，身不由主的向海中墜下，此刻的心情，眞是憂喜參半。喜的是從此以後他自由了，憂的是不知道將會遇到些什麼事。」

甚至可以寫：「飛機進入海洋後，神氣極了，他欣喜得很，因爲他隨時可採訪魚兒的故鄉，追尋珊瑚的秘密。」

4. 飛機墜海後，看到了些什麼事實？

「飛機掉入海裏，看到彩帶似的海藻，不停的跟他揮揮手，好像歡迎新訪客的到來……」

或者是寫：「飛機掉入冰河，有好幾隻正在曬太陽的企鵝過來圍觀……」

5. 飛機在海中，會遇到魚啊，珊瑚啊，還有碰到一些神奇的事物，這些情景是虛構的、想像的，比如：

「海帶高興得手舞足蹈，擺動著身軀，希望和飛機做好朋友。飛機說……」

或是說：「飛機有飄飄然的感覺，他躺在大海的懷抱裏，好舒服，好清涼，熱帶魚姊姊領著他參觀這美妙的大海，途中看見一條巨大的古老的廢船，突然……」

6. 老師提示上述的要點後，請小朋友展開想像的翅膀，去體會、去感受，可以把事實和虛構分段寫出，也可以把事實和虛構揉合在一起寫，全憑個人的喜歡。

六、教學實例：

本教材經實地教學實施結果，學生興趣濃厚，能寫出生動、感人的內容來，許多不可思議的夢想，都帶入了作文裏，把常見的事物和稀奇古怪的事物在想像中融合，現在列舉一篇，內容如下：

飛機墜海了

有一個小孩子，手上拿了一個遙控飛機在海邊玩。忽然失靈了，咻！的一聲墜到大海裏去玩了。

小飛機自由了，好高興，可是他有點害怕，又聽見大海在呼喚他，便不害怕了。他知道，自己要開始一生所沒見過的旅行。想到這裏又怕了起來，可是又怕以後沒機會，便不再怕了。

他看見海浪滔滔，一下把他冲到很遠，一下又回到原地，很高興，就在大海裏，全身冰涼好舒暢。

後來他又遇到好多奇形怪狀的魚兒和珊瑚，可是也一一的向它們打招呼，心想這次的旅行可眞好玩，見識也眞多。

忽然它不游了,它要永遠停在這裏和珊瑚、小魚做伴了。

（板橋市莒光國小　五年一班　席時英）

單元49：結交新友

一、實施目的：

1. 幫助兒童了解各種不同的人物角色。
2. 發展兒童結構故事情節的組織能力。
3. 發展兒童的想像力。

二、實施對象：

國小中、高年級及國中學生。

三、課前準備：

給每個學生幾張卡片（大約明信片般大小），請他們敍述幾個他們所想像的朋友的簡史和描述，這個活動請學生在寫作之前卽準備好。

例如：

1. 阿西是一個八歲的男孩，他有金色的頭髮和藍色的眼睛，臉上尙有雀斑。他和祖父以及心愛的小豬一起住在鄉下，有一天，他把小豬從鄉下帶到都市……。
2. 馬文是一位九歲的小女孩，她有一個困擾問題，因爲她在星期二時就身形消失，但其他天則沒問題。她的這個問題也一直困擾著老師，特別是在星期二馬文需要當班級糾察時……。
3. 蔡瑞是一位十歲的小女孩，她是一位驚異的機械工，不只能把機件拆開，而且亦能組合，當她拆開機件再重新加以組合之後，這些機件的功能勝於以往……。

四、寫作方式：

採寫作故事的方式。

五、教學過程：

1. 教師把學生事先寫好的人物略傳卡片收集起來。
2. 然後發給每一位小朋友一張人物略傳卡（不可以拿到自己寫的），並請他們寫作一篇故事，故事的內容是有關「你和你的奇異的朋友（卡片上的人物），有一次在一起所遇到的一個故事」。

單元50：我們自己編的故事書

一、實施目的：

1. 發展寫作的技巧及完成和分享故事。
2. 發展鑑賞故事的能力。

二、實施對象：

國小中、高年級及國中學生。

三、課前準備：

紙箱子、紙條、設計好的稿紙。

四、寫作方式：

寫作故事的方式。

五、教學過程：

1. 教師在上課前發給每個學生一張小紙條，請每個學生設計一個故事的題目，題目寫好之後，放入置於教室的紙箱中。題目如：小華最倒楣的一天、天堂一日遊、兔寶寶奇遇記。
2. 作文課教師展示幾本故事書，介紹故事書的內容和編輯方式，鼓勵同學們每人均可創作故事。
3. 教師請每個學生依次到紙箱中抽出一張紙條，看看上面寫的是什麼題目。請學生依此題目在設計好的稿紙上寫一個適當的故事。
4. 寫好之後彙整，請班上組一個編輯委員會，將這些故事共同訂正，照故事書的編排方式編輯成一本故事書。
5. 若有必要，爲這本故事書加上書名、插圖和封、背面。
6. 每人印發一本集體創作的故事書，規定同學們回去相互欣賞，教師把原來的紙箱改成「讚賞箱」，請同學們把他們所喜歡的故事及原因記下來，投入讚賞箱。教師再把讚賞的紙條送給每一位故事的作者，使故事的作者得到激勵及回饋。

單元51：摩擦神燈

一、實施目的：

1. 協助兒童澄清及探索他們自己的需求和抱負。
2. 鼓勵兒童運用其幻想力，海濶天空的讓自己的創造和想像力毫無拘束的自由飛翔。

二、實施對象：

國小學生。

三、課前準備：

教師平常即提供各種各樣的故事書給學童閱讀，並鼓勵兒童編故事、講故事、寫故事。對於稀奇古怪的故事，教師也能延緩批判，容許兒童奇特獨創的故事內容，此外，教師或學生準備一些舊的油燈扮作神燈。

四、寫作方式：

神奇故事的寫作方式。

五、教學過程：

1. 教師展示一個油燈，以編故事的敍述方式說明這個神燈的妙處，它能使每個人的心願達成，以引起神秘的氣氛，教師的描述當然愈奇妙愈好。
2. 教師以腦力激盪的方式引導學生去假想使神燈具有魔力的祈求的咒語的內容，並請一些學生依次到神燈的地方摩擦神燈，作出膜拜的動作（動作學生自創），以及唸出他們祈求達成心願時假想的禱詞。
3. 請學生寫作一篇有關這個神燈及咒語的故事，並請學生爲此故事命名。

六、本活動的變換方式：

請學生去想像其他具有魔力的事物並寫作有關此事物的故事，故事的內容重點在這個神奇事物的特點，以及它對某一個人的貢獻。或敍述一個奇妙的樂器，它具有魔力使所有的動物遵從它的命令。

（取自Turner， 1978， P.58 ）

單元52：寫作謎語

一、實施目的：

1. 以文字遊戲方式，啓發兒童的智慧。
2. 訓練兒童分析事物特質的能力。
3. 培養兒童的好奇心。

二、實施對象：

國小三年級兒童，學過國語課本第五册第十二課「小鯉魚猜謎語」，知道如何解謎，同時已略懂比喻或擬人的寫作技巧。

三、課前準備：

師生共同收集有關謎語的册子、書籍，利用「閱讀指導」時間或平時下課時間交換瀏覽閱讀，試著去解謎，藉著閱讀謎語的過程，使兒童熟悉謎語的形式與內容，同時帶動編寫謎語的氣氛。

四、寫作方式：

根據謎材的特色，如顏色、形狀、型態、習性、功用……，使謎面具體有趣味，寫成兒歌或詩歌的體裁，剛習作者，寫成一小段沒有對偶、押韻的文章也可以。

五、教學過程：

1. 正月十五爲元宵節，小朋友提燈籠、看花燈，盡興遊玩，一定在電視裏或親身目睹到廟會裏的燈謎大會，教師可引導他們回憶猜燈謎的情景，請兒童口述。
2. 準備三至五個謎語，難度由淺而深，朗讀給兒童聽，請他們試著說出謎底，會的人舉手回答，給予加分的獎勵，使兒童能集中注意力，發揮思考聯想力，而教師在比較難的謎語，可以選擇富於曲折變化的，讓猜謎者多費些心思，這樣更容易製造猜謎語的趣味。內容可以是字謎、物謎、國名地名謎、成語謎……等。

例如：(1)字謎：一日千里（重）

夫婦二人還有四男四女（古）

(2)物謎：一朵花、靠牆栽、雨不下、花不開（雨傘）

東一片，西一片，中間隔座山，到老不相見（耳朵）

(3)國名地名謎：開張大吉（新店）

駝子坐轎子（台灣）

(4)成語謎：跳傘結婚（喜從天降）

守歲（以待來年）

若是難度較高的謎語，兒童一時無法猜出來，教師即應提供各種暗示，如「駝子坐轎子」這題，駝子的背是怎樣的？（彎的），那麼轎子是用背的、扛的還是抬的呢？（抬的），這樣子，兒童就會恍然大悟，異口同聲，說出正確的謎底——台灣。

3. 教師在黑板上板書國語課本第五冊第十二課小鯉魚猜謎語裏的一道謎語——八隻脚，一對螯，走進熱水鍋，綠袍變紅袍。以這道謎語為範謎，請兒童根據這道範謎或過去所認識的謎語或剛才老師朗讀給小朋友聽，要小朋友猜的那些謎語，說出編寫謎語在形式上和內容上要注意哪些事情，兒童的答案可能如下：（教師可視當時情況補充答案）

(1) 編寫謎語，措詞遣字要淺顯易懂，為了能夠朗讀順口，句型可以統一，字數可以成一定的比例，或是可以押韻。

(2) 編寫謎語要能把握謎材的特點，如長相、愛好、型態……，以便使謎語猜起來有脈絡可尋，不會模稜兩可。

(3) 爲了使謎語趣味更深長，可以用比喻或擬人的技巧，注入感情，加入想像，使具體而活潑生動。

(4) 可以根據範謎——八隻脚，一對螯，走進熱水鍋，綠袍變紅袍。用照樣造句的方法模仿，編寫謎語。比如：一隻脚，千根鬚，風來了，變禿頭——（樹）

(5) 比較困難深奧的謎語，可以在謎語下面給予一個範圍，譬如說打一字，打一水果名……，使猜謎者有線索可以參考。

(6) 編寫謎語，謎語的內容要避免與謎底有相同的字眼，而且字數不要過於冗長，以免失去猜謎的趣味。

4. 兒童熟悉如何編寫謎語了，就可以開始創作寫謎語。先確定一個謎底，再參考範謎，根據謎底的特點試著創作。兒童剛開始編寫謎語時，可能無法顧慮到字數，句型的統一，這些都不用硬性規定，只要唸起來順口，知其所云，而且不是抄襲的，就應給予獎勵增強。

5. 下課前十分鐘，請已創作完成的小朋友依序上台發表自己所編寫的謎語，台下的小朋友也可以跟著猜猜看。課後將小朋友的作品當作教室佈置，貼在成績欄裏。

六、教學實例：

兒童們對編寫謎語和猜謎語有著同樣的興趣，以下是板橋市莒光國小三年十九班學生的創作作品：

(1) **兩列火車**

白又白
火車裏堆滿了糖
哎呀！白火車變成黑火車。
（牙齒） （林瑞雯）

(2) **一位瘦先生**

頭戴紅帽子，腳穿黑皮鞋
身穿花衣裳，壽命漸漸短。
（鉛筆） （廖毓甄）

單元53：喜好的食物

一、實施目的：

1. 教導學生了解他們所喜歡和不喜歡的事物的性質。
2. 培養學生面對問題的挑戰性，發展學生的變通性。

二、實施對象：

國小中、高年級及國中學生。

三、課前準備：

猜謎大全的書籍。

四、寫作方式：

寫作謎語的方式。

五、教學過程：

1. 教師先給學生一些謎語讓他們去猜，以引起學習動機。
2. 教師請每一個學生寫出一個有關他所喜歡的食物的謎語，讓其他同學猜，這個謎語包括：
   (1) 食物來自何處？
   (2) 這食物看起來如何？
   (3) 它的功能？
   (4) 它嚐起來如何？
   (5) 它如何做？
3. 請全班同學大家一起猜。猜時，先由易至難，一步一步猜，最後猜著者，有獎品相贈，則活動氣氛更加熱絡。如：
   (1) 綠色的。
   (2) 脆的（捲曲的，新鮮的）。
   (3) 多汁的。

(4) 酸酸的。

(5) 裝在漢堡上吃起來口味很好。

猜猜它是什麼？

六、本活動的變換方式：

1. 亦可採用動物、植物、昆蟲、東西……等為謎語，讓同學來猜。例如：

(1) 說它像雞蛋，
裏面沒蛋黃。
說它像地球，
小得沒人住。
成天跑跑跳跳，
喜歡陪人玩。
（皮球）
（板橋市莒光國小　六年二班　楊靜芳）

(2) 身穿一身綠鐵甲，
手舞兩支大剪刀。
小朋友很喜歡牠，
想要跟牠玩，
可是牠不肯，
就拿起大剪刀，
夾住小朋友的手。
（小螃蟹）
（板橋市莒光國小　二年十八班　朱倩儀）

2. 請每一個學生扮演成為他們喜歡的食物（或所想嚐試的食物，或所憎恨的食物，或所不喜歡的食物），並且以散文或詩體描述它們的情感和觀念。

單元54：猜猜那一天？

一、實施目的：

1. 讓兒童學習確認和同理心別人的感受。
2. 使學生學習體驗自己的感受，以增進人際溝通的技巧。

二、實施對象：

國小中、高年級及國中學生。

三、課前準備：

教師課前準備一本大本的日曆，其中的國定假日以紅色印出。並準備各種不同的節日的各項慶祝活動的圖片，以引起學生的學習動機。

四、寫作方式：

以段落描寫心中所體驗的感受。

五、教學過程：

1. 讓兒童列舉一年之內有那些的假日，並說明不同的假日有那些不同的活動方式。
2. 舉行猜謎活動，讓兒童假想自己正在享受一年之內的某一個假日，寫出一篇短文來描述在這特定的一天來臨之前和之後的感受。
3. 寫完之後唸出來，請其他同學們猜一猜看是那一個假日。

六、本活動的轉換方式：

請兒童們寫出某一假日的慶祝活動的理由。

單元55：有趣的圖象詩

一、實施目的：

1. 童詩的世界海濶天空，表現的手法很多，使學生思考具變通性。
2. 從視覺上作爲表現另一種情趣，把童詩內容的文字排列成物體的形狀，作以藉著圖象來幫助情意的表達。
3. 指導學生以擬人化、比喻法描寫事物，增進其想像力。

二、實施對象：

已稍具寫作童詩技巧的高年級學生。

三、課前準備：

圖象詩的範詩二首，寫在海報紙上或寫板上。

四、寫作方式：

把詩的文字排列成圖畫的形狀（輪廓），不必拘泥字數，詞性的對仗。

五、教學過程：

1. 從欣賞入手，找一些表現手法相同的童詩，多欣賞幾次。
   (1) 將範詩板書於黑板，先請小朋友看完它，再舉手發表個人的感受及見解。
   (2) 教師歸納並再做進一步的說明寫圖畫詩的要點。
      ① 所用文字要精簡、明晰、著重口語化、生活化。
      ② 寫內容之前，先畫輪廓，有助斷句，字數的安排。
2. 找題材確定題目；寫看得見的具體物，如：動物（飛禽、走獸、水族、昆蟲……），植物（花卉、果樹、草木……），大自然（風、雷、電、山、雲……），物品（書、桌

、椅、燈、鐘……）

3. 發揮想像力、聯想力，用各種比喻法（擬人或擬物）來表達，在腦海中先想好內容，儘量活潑，奇思異想。
4. 畫好具體物［（題目）的輪廓］，再動筆寫內容，斟酌每行的內容，文字安排，或剪裁或修增。
5. 強調不但要具有外表的圖象，也要富有內在的詩意和詩趣，否則就要變成文字遊戲，失去創作的目的了。

六、教學實例：

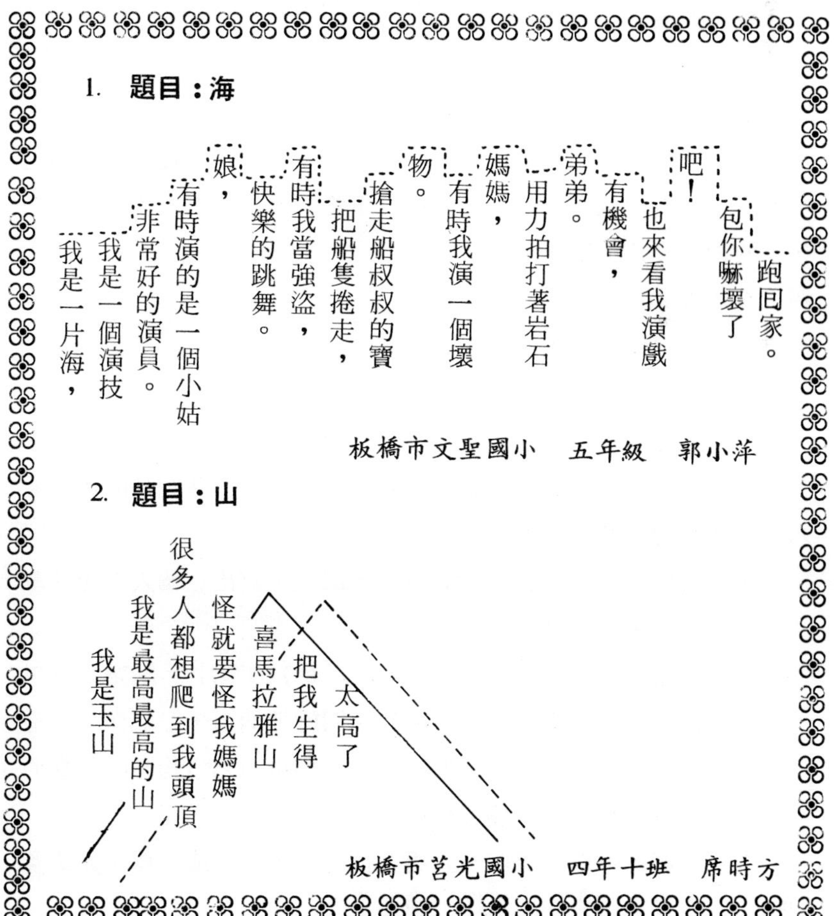

單元56：看圖作文

一、實施目的：

幫助兒童超越圖形所立即呈現的內容去表達想像。雖然圖形可能有其價值，但想像力可傳達出許多圖形所無法傳遞反射出來的內涵。

二、實施對象：

國小學生。

三、課前準備：

教師準備一個大箱子，請每位學生帶三張圖片（從報章、雜誌上剪下），內容包括有人物、動物、事物、風景等不同的圖片，把帶來的圖片投入大箱子中。

四、寫作方式：

採故事寫作的方式。

五、教學過程：

1. 教師請每位學生依序從箱中抽出三張圖片。
2. 請每位同學就這三張圖片各寫一則有關這些圖片的故事。

六、本活動的變換方式：

1. 只用一張有人在說話的圖片，請兒童寫出這個人在想什麼？在說什麼？
2. 只用一張事物（物體）（objects）的圖片。請兒童假想他們是那個事物（一個足球、門的把柄），並寫作有關這件物品生活（存在）的一天。他們也可寫這物體所目擊的一日所見或特殊偶發事件。
3. 教師找連環漫畫四～六張，抽去其中的一或二張，先填圖，再依圖畫順序寫作一篇作文。

單元57：看幻燈片寫作

一、實施目的：

1. 培養兒童的觀察力。
2. 培養兒童的想像力。
3. 培養兒童思考的週密性。

二、實施對象：

國小中年級以上學童，懂得想像，熟練描述人物的動作表情會話者爲佳，可在班級教學，或團體活動時間實施亦可。

三、課前準備：

教師準備幻燈機，畫面性質相類似的幻燈片數張，學生平時多閱讀有圖有文的故事書，了解故事情節的發展。

四、寫作方式：

透過觀察畫面靜止不動的幻燈片，加上想像，寫成一篇具有「動感」的作文來。

五、教學過程：

1. 教師指導學生先利用「人、時、地、事」的記敍方法，用親身體驗的事實來口述練習，比如：「我的生日」，教師提醒學生注意：

⑴ 人物：有那些人來祝賀？

⑵ 時間：什麼時候過生日的？

⑶ 地點：在家裏？在飯店？或其他地方慶祝生日？

⑷ 方式：家人、同學、朋友怎樣祝你生日快樂的？

利用這種「人、時、地、事」的記敍方法，不但有趣而且有意義，可以得到一種良好的思想方法，構成文章結構的簡單法則，充實文章的內容。

2. 教師依序打出幻燈片，每張幻燈片都是循著「人、時、地、事」，按照畫面內容發問，學生剛開始的回答，可能會過於簡略，教師可引導，學生加上想像，賦予人物或動、植物動作和會話，慢慢補充說明，內容自然豐富充實。
3. 令學生從剛才放映的數張幻燈片中，選擇一張自己覺得最適宜的來寫作文，自訂題目，強調要參考「人、時、地、事」的敍述方法，還有由觀察幻燈片的內容，產生聯想，把自己所看到的，所想到的儘量發揮寫出來。
4. 指導學生觀察一個人，可從「內在」和「外在」這兩方面著手，「外表」部分是具體可見的，像面貌、身材、神態、穿著……等，描寫時要「把握特徵」；內在的部分，如心情、想法、語言，我們觀察不到，但是可以加上合理的想像，最好有對話，其次多描寫動作，這樣人物才會具有「動感」，文章才會活潑可愛。
5. 關於「地」的敍述，可以先寫近的景物，次寫遠的，再次寫更遠的，或外層的景物先寫，內部的後寫，當然除了對景物的描寫外，必須配合「人、時、事」等，活動的經過和結果。
6. 在「時、事」方面，可提示學生佈局時按照事情發生的先後順序，依次寫下來，分爲「原因」、「經過」、「結果」三部分，把握重點，不要拖泥帶水，越扯越遠，和題目有關的材料好好把握，詳細敍述，不是重點處，只要三言兩語簡明交待就可以了。
7. 在運用「想像」的技巧時，要指導學生自然的銜接，把由觀察幻燈片的內容所產生的聯想，確實能和題目有密切的關係者才採用，寫入文章中，否則太牽強硬湊上去，反而文不對題，弄巧成拙。

六、教學實例：

本活動設計經實地教學，學生均能非常好奇的觀察，並能運用想像力，根據指導要點，寫出材料豐富、內容充實的文章來。以下是習作之一：

大鵬鳥與小孩

有一天，一群小孩子，跑到海邊玩。突然看見有二、三隻的大鵬鳥向他們飛來，這群野孩子因爲好奇，所以一把就捉住了大鵬鳥的尾巴，說也奇怪，大鵬鳥卻不飛走，小孩子就乾脆騎到牠的背上了。

於是，大鵬就帶著這群小孩在天空自由自在的飛翔了。小孩子一共有五人，叫小紅、小江、小明、小宜、小文，在大鵬鳥的背上。小紅和小文，不停的說話，小明在一旁叫著：「好了，不要講了，吵死人了。」這回是文靜的小宜突然大叫說：「你們大家看，我們到了歡樂國了。」小文和小紅高興的大吼大叫，紛紛的跑入歡樂國裏，高興的玩成一團了，原來這隻大鵬鳥是專門帶領一些天眞、活潑、可愛的孩子進入歡樂國的。

太陽西下了，這些小孩子的媽媽在那兒找他的孩子，大家都忙得團團轉，大鵬鳥沒辦法，只好把這些小孩載回去了。這是小文的媽媽叫著：「你們看！小文在天上吔！」於是大鵬鳥把小孩放下來，這些母親眞是又摟又抱，高興極了。從此這些大鵬鳥再也沒有出現過了，小孩們都很懷念這群大鵬鳥。

（台北縣立莒光國小　三年十班　劉靜慧）

單元58：圖畫想像

一、實施目的：

1. 幫助兒童發展想像及解釋的能力。
2. 培養兒童的觀察力。
3. 啓發兒童的鑑賞能力。

二、實施對象：

國小學生。

三、課前準備：

準備細繩或毛線，各種顏色的顏料，空白圖畫紙等材料。

四、寫作方式：

採敍述內容的段落寫作方式。

五、教學過程：

1. 每個學生每人拿一張空白圖畫紙，對摺成兩個半張。
2. 請每個學生拿一條細繩或毛線沾各種色彩，然後放在對摺成半的一邊。放的形狀隨意，然後把紙合起來，再把細繩抽出。
3. 打開摺成半張的紙，則形成一張圖案式的圖畫。把抽出的細繩丟掉。
4. 請學生仔細的用頭腦去觀察、想像、研究他們所做成的抽象圖畫，然後請用文字描述出所見的內容。

六、本活動變換的方式：

1. 把全班的作品展示出來，請學生各選一張別人的作品來加以想像描述。
2. 請學生以列舉的方式列舉出他們在其藝術作品中所見的許多不同的事物。

單元59：轉語造句

一、實施目的：

1. 指導學生學會以轉語（ transitions ）來思考及造句。
2. 訓練學生思考的流暢性。

二、實施對象：

國小中、高年級及國中學生。

三、課前準備：

教師課前將一些轉語寫在長牌或紙條上。

四、寫作方式：

造句練習。

五、教學過程：

1. 教師在上語文課中，抽出十五分鐘左右，提示學生一些轉語，讓學生練習思考及造句，
   如：除了……，……。
   　　反正……，……。
2. 教師可用的轉語的種類：
   (1) 表示加、重覆、加強的轉語：
   也，除了，換句話說，此外，更甚的，事實上，另一的，最後，畢竟，總之，無論如何，反正……等。
   (2) 表示比較、矛盾、相對的轉語：
   比較上，和…一樣，然而，另外，不管，好像，如同，但是，甚至，相反的，反之，雖然。
   (3) 表示時間先後的轉語：

當……時，然後，在……之間，最後，仍然，起初，首先。

(4) 表示條件、限制的轉語：

假如，除非，當，特別是，所謂的。

(5) 表示因果關係的轉語：

因爲，因此，結果，以致。

(6) 表示明顯的道理的轉語：

無疑的，當然，自然的，確實的，事實上。

3. 教師舉一個轉語在黑板上，請每一學生拿出一張稿紙出來，用這個轉語造句，愈多、愈妙、愈好。

六、教學實例：

- 「反正…………」

反正你已經來了，再多呆一會也沒關係。

反正你不是我，所以我再痛苦你也不會在意。

反正人總要活下去的，爲什麼不活得快樂一點呢？

反正再也沒有別人在了，這點小禮物你就收下吧！

反正只剩十塊錢，乾脆把它花掉算了。

反正我們已經回不了家了，乾脆就停下來休息吧！

…………

- 「除了…………」

班上除了他，還有誰會做出這種事來。

除了請假外，我看別無他法了。

他除了會吃外，還會做什麼？

…………

- 「比較上，……」

比較上，張小東是比較保守的，而王小雲則還好一點。

比較上，坐車是比開車安全的。

單元60：有趣的四聲兒歌

一、實施目的：

1. 從語文遊戲中培養兒童的語文能力、創造力、組合力、幽默性、想像力。
2. 提高兒童語文課的學習興趣。

二、實施對象：

國小中、高年級及國中學生。

三、課前準備：

提供兒歌創作作品傳給小朋友欣賞、吟誦。

四、寫作方式：

兒童的寫作方式。

五、教學過程：

1. 教師提供幾首兒歌給學生吟誦、吟唱、或表演，這些兒歌愈是益智，逗趣的愈佳，如：

奇怪奇怪眞奇怪，
太陽月亮在一塊。（陳正治）
讓小朋友猜一字。

×　　　×　　　×

哥哥爸爸眞偉大，
名譽照我家，
爲國去打仗，
當兵笑哈哈，
走吧！走吧！哥哥爸爸！
家事不用你牽掛。

只要我長大，
只要我長大。（白景山）

×　×　×

矮老頭

矮老頭，本姓劉，
上街買綢帶打油。
買好了綢，打好了油，
看見路旁一棵大石榴。
放下了綢，擱好了油，
惦起脚尖採石榴。
石榴高，採不著，
一不小心踢翻了油，
弄髒了綢，
氣得老頭眼淚汪汪流。（錄自客人到）

×　×　×

小鴨子

小鴨子，
扁扁嘴，
一天到晚想喝水。
喝了開水燙了嘴，
嘰哩咕嚕滾下水。（錄自兒歌百首）

×　×　×

爬樹

爬樹爬得高，
跌下像年糕。
爬樹爬得低，
跌下像田雞。（錄自中國兒歌）

2. 教師說明寫兒歌創作應注重對偶、押韻、逗趣，請小朋友以押韻及四聲順序、字數不拘，寫作一首有趣的四聲兒歌。

六、教學實例：

綽號王老七，整天下圍棋，
雖然了不起，就是壞脾氣。

有隻大禿鷹，想吃大蒼蠅，
方法很新穎，手腳却僵硬。

何家有小妞，常在田放牛，
閒來扭一扭，脾氣卻很拗。
走起路一辮，乳名叫小白，
體重好幾百，打架都打敗。

白雲悠悠，綠草油油，
三五好友，一同採柚。

活神仙，不曾閒，
有危險，就顯現。

（台北市中山國小　資優班　六年級學生作品）

單元61：趣味對句

一、實施目的：

除了教導兒童認識中國的文字結構外，並了解中國語文的趣味，激發兒童的創造力。

二、實施對象：

國小中、高年級以上。

三、課前準備：

教師搜集古來的對句，以備上課中提供學生欣賞，或請學生於課前搜集這些對句於上課中提出鑑賞。

四、寫作方式：

對句的詩句寫作方式，要求寫兩組句子，在結構上字數相同、聲韻平仄相反，文字的內容則要相互對稱，如：紅花對綠葉，天空對大地。

五、教學過程：

1. 教師展示一些有名的對句，供學生欣賞並解釋其內容和結構。如：「青山橫北郭，白水繞東城」（李白詩）「進門去是烏衣秀才，出門來是白面書生」（理髮店對聯）、「人有悲歡離合，月有陰晴圓缺」（宋詞水調歌頭）、「年年難過年年過，處處無家處處家」（抗戰春聯）
2. 教師請學生以自己的名字創作祥瑞的對句

   如：「弘揚愛國精神、岳飛情操可嘉」

   「金山高高難攀登、峯巒彎彎廻旋轉」

   「詩書門第、敏捷聰穎」

   「建立萬世功勳、平吾生平大志」

   （台北市中山國小　資優班）

單元62：有趣的中國文字

一、實施目的：

幫助學生把文字和其內在意義間的關係，以視覺的文字設計方式表現出來，並可達成美術設計的目的，培養兒童的巧思和創意。

二、實施對象：國小中、高年級及國中學生。

三、課前準備：

教師準備一些有關文字的美術設計的圖樣、廣告或海報。

四、寫作方式：

文字的設計組合遊戲。

五、教學過程：

1. 請學生列舉能傳達身體或情緒的文字。例如：提心吊胆、顫抖的、醉的、恐怖的、細小的、長的……。
2. 請學生寫出這些文字，寫出的文字，其設計出的形狀能傳達該文字的內涵意義。例如：

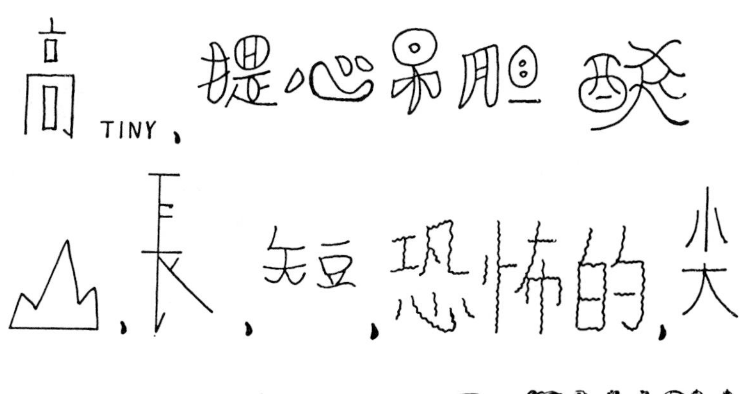

六、本活動的變換方式：

1. 文字畫，用文字的意義組合成一幅圖畫。例如：

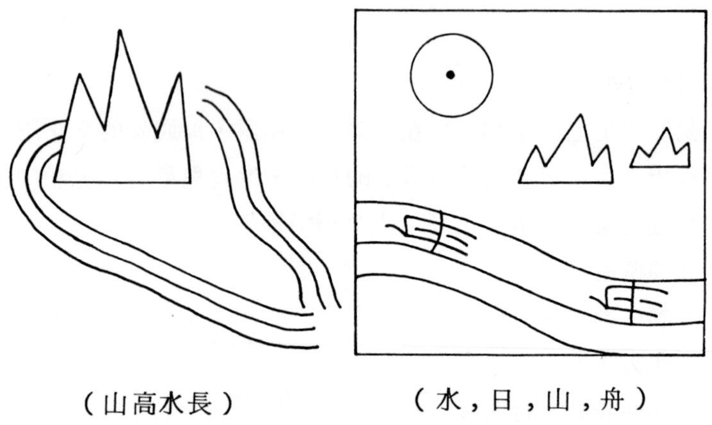

（山高水長）　　（水，日，山，舟）

2. 設計出能傳達其內涵意義的文字。例如：

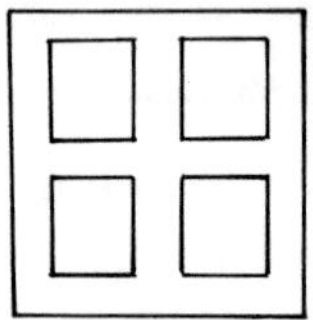

單元63：文字聯想

一、實施目的：

1. 增進兒童聯想的能力，並減少他們觀念聯想馬上中斷的傾向。
2. 除了增進學生觀念聯想的能力外，並可訓練學生觀念聯想的流暢性。

二、實施對象：

國小及國中學生。

三、準備教材：

每位學生準備若干張白報紙或普通作業紙。

四、寫作方式：

文字聯想的作業遊戲方式。

五、教學過程：

1. 教師提示單一個字或觀念在黑板上，請學生根據這個字或觀念形成一系列的聯想，從第一個字或觀念聯想到另一字或觀念，再以這個聯想到的字或觀念作爲起端，一直聯想下去。因此在聯想停止時，也許結束時最後聯想到的字或觀念可能看起來和第一個字或觀念會不太相關（事實上是永無休止的聯想）。
2. 這個聯想的工作有一定限制的時間，如 60 秒或是 3 分鐘等。
3. 請學生寫下聯想的內容，例如：
   小狗——栓帶——鏈子——束縛——自由——民主——美國——司法——法庭——法官——陪審團——審議——決定——信仰……等。

六、本活動的變換方式：

本活動可採全班比賽或分組比賽的方式實施。

單元64：造句遊戲

一、實施目的：

1. 提升學生造句的語文能力。
2. 寓學習於遊戲中。
3. 啓發學生語文學習的興趣。

二、實施對象：

國小學生。

三、課前準備：

四、寫作方式：

採造句遊戲的寫作方式。

五、教學過程：

1. 教師說明「依式造句」、「因果造句」、「語系造句」的方式並舉例說明。
2. 教師提示學生做以下的寫作練習：

(1) 依式造句：

所有水果中，我最喜歡吃的是柳丁。

所有________，我最喜歡________。

所有________，我最喜歡________。

(2) 因果造句：

如果吃飯吃得太快（因），就會消化不良（果）。

他摔跤了（因），________________（果）。

________（因），________________（果）。

(3) 語系造句：

按「我、生、大、到」四個字及其順序，造一有意義的句子。

我生日的那天，大伙兒都到齊了。

____

____

按「ㄍ、ㄐ、ㄗ、ㄅ」四個聲母及其順序，造一有意義的句子。

ㄍ ㄐ ㄗ ㄅ

哥哥今天怎麼不理人。

____

____

3. 教師引導全班同學進行語系造句比賽活動。教師出「哥、我、生、思」四個字，看那一位學生造的句子最短、且有意義並生動、活潑、逗趣。

單元65：詞的流暢

一、實施目的：

1. 培養學生觀念的流暢性。
2. 提升學生用詞的語文能力。
3. 寓學習於遊戲中。
4. 激發學生語文學習的興趣。

二、實施對象：

國小學生。

三、課前準備：

教師準備國語字典、辭典，以備隨時查閱。

四、寫作方式：

採語文遊戲的造詞活動。

五、教學過程：

1. 教師說明「詞句接龍」、「單字聯想」、「重疊詞列舉」、「語詞單位列舉」的方式並舉例。
2. 提示學生做以下的造詞練習：

(1) 詞句接龍：

場地→地方→□□→□□→□□→□□→

一元復始→□□□□→□□□□→□□□□→

□□□□　。

(2) 單字聯想：

由「上」聯想到的詞句有上車、上下、……

由「古」聯想到的詞句有古代、古典、……

(3) 重疊詞列舉：

單疊詞：細細的雨、彎彎的月、……

雙疊詞：輕輕鬆鬆、甜甜蜜蜜、……

(4) 語詞單位列舉：

列舉含有單位的十五個語詞：

一根筷子、一張床、……

3. 教師引導全班同學進行語文比賽性活動。例如：每位同學準備一張紙，請學生作詞句接龍的比賽：

古代—代表→□□→□□→□□→□□→□□→□□

單元66：字的流暢

一、實施目的：

1. 提升學生的語文能力。
2. 培養學生觀念的流暢力。
3. 寓學習於遊戲中。
4. 激發學生語文學習的興趣。
5. 培養學生分類的能力。

二、實施對象：

國小學生。

三、課前準備：

教師準備國語字典、辭典，以備隨時查閱。

四、寫作方式：

採語文遊戲的方式。

五、教學過程：

1. 教師列舉一些文字，並舉例說明這些文字可按相同的部首、音、韻、結構等加以歸類。
2. 提示學生做以下的寫作練習：

⑴ 同部首字的列舉：

寫出和「玲」同部首的字：________________

寫出和「行」同部首的字：________________

⑵ 猜猜四通的部首

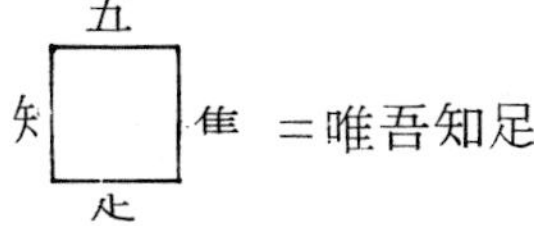

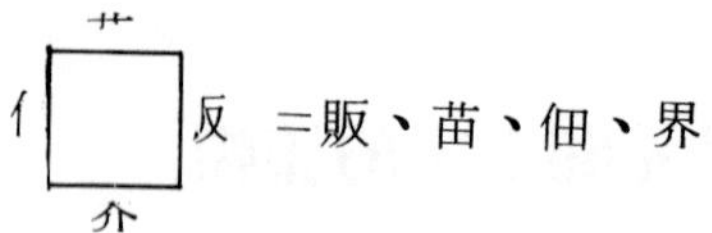

⑶ 同音字的列舉：

寫出和「姑」同音的字：

寫出和「丘」同音的字：

⑷ 同韻字的列舉：

寫出和「良」同韻的字：

寫出和「工」同韻的字：

⑸ 同結構字的列舉：

中分的字：王、車、……

左右分的字：休、打、……

上下分的字：思、雲、……

內外分的字：圓、圕、……

⑹ 聯義字聯想：

在「車、水、氣」三字前或後加一字，使成有意義的詞

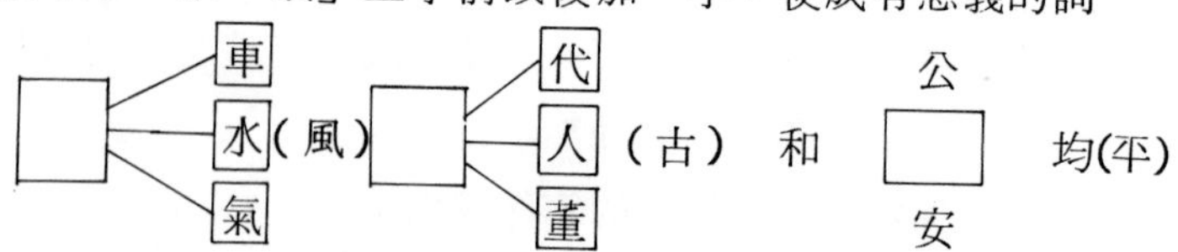

3. 教師引導全班同學進行語文比賽性的活動。例如：每位同學準備一張紙，請學生列舉出和「棵」同部首的字、或列舉出和「度」同音的字，列舉愈多愈好。

單元67：句子的伸展

一、實施目的：

1. 發展爲一特殊目的而重新寫作的技巧。
2. 發展學生的精益求精的精神及能力。
3. 發展學生文字修飾的能力。

二、實施對象：

國小學生。

三、課前準備：

任何閱讀的材料。

四、寫作方式：

採寫作句子的方式。

五、教學過程：

1. 請學生以改變困難水準的方式，重新寫作閱讀材料，可把它引申擴展、精緻化，訓練學生描繪的技巧以及摘要和修訂剪輯的技巧。
2. 以詩或一般其他的短文或句子開始。

   例如：「薛梨跑到學校」，可把它擴展引申到

   「薛梨氣呼呼的跑進國小的大樓」。

單元68：短句拉長

一、實施目的：

1. 增加兒童的造句能力。
2. 培養兒童語文能力的精密性及修飾文句的能力。
3. 訓練兒童的分析、組織、綜合、想像等能力。

二、實施對象：

國小低年級以上學生。

三、課前準備：

圖片數張，內容不拘，能引發兒童聯想即可。

四、寫作方式：

由教師開頭先寫一小句，兒童從第二小句接著寫，將它接成一段完整而且有意思的短文，至少要有五個小句，內容是虛構的也可以。

五、教學過程：

1. 在黑板上揭示兒童日常生活所熟悉的具體物的圖片，如：蛋糕、溜冰鞋、書包……，給予兒童一分鐘的時間聯想，發表他們看到這些圖片所聯想的事或物。兒童可能的答案如下：

   看到蛋糕會想起過生日、蠟燭、禮物、唱生日快樂歌、笑聲、許願……。

   看到溜冰鞋會想起青年公園、摔跤、皮破、溜冰姿式、比賽……。

   看到書包會想起書本、鉛筆盒、用功讀書……。
2. 剛才兒童發表的都是些零碎沒有組織起來的一些詞，教師要在這時兒童的聯想力，越來越「熱」的時候，鼓勵他們將這些詞當中，選擇有相關性的詞組織起來，使成爲完整而且有意思的一小段短文。例如：

「去年我過生日時，媽媽將事先訂做的蛋糕擺在客廳的桌上，全家人都爲我唱生日快樂歌，還送我禮物，接著我許願；一願我每次月考都得第一名，二願爸爸能天天回家吃晚飯，三願全家人能永遠這樣幸福快樂。」

3. 不用圖片，教師在黑板上寫一小句，要小朋友好好的想，把根據老師所寫的這開頭的一小句，所聯想的事情口述發表出來，期能將句子補充得更完整有意思，越新奇有趣越好，是事實或虛構均可。例如：

   天氣漸漸熱了……

   弟弟是全家最頑皮的小孩……

   下課了……

4. 兒童接句的情形，可能雜亂無章，東湊一句，西湊一句，沒有一貫性，前後矛盾，這時教師可指導兒童要看清楚老師出題的開頭那一小句，抓住它的主旨，將根據這一主旨所聯想的材料組織起來，例如：「弟弟是全家最頑皮的小孩……」這題，它所要強調的是「頑皮」，所以這題的重點在寫弟弟是如何的頑皮，至於弟弟偶爾乖的情形就不必詳述了。

5. 兒童了解接句的方法，也口述練習了數句後，教師可以出五到十個題目，請小朋友在作文簿裏做接句練習。

六、教學實例：

「短句接長」這種創造思考的作文方法在板橋市莒光國小二年二十班實際教學後，效果很好。作文能力資優者能在短時間內接出文氣通暢，內容充實的短文；能力較差者也能寫出較通順的句子來，而且提高他們作文的興趣和自信。

1. **天氣漸漸涼了**

嘢！秋天到了，秋天裏我最快樂，因爲秋天裏有一天是我的生日，到了那一天，媽媽要帶我到麥當勞用餐，我最愛去麥當勞，那裏有得吃又有得玩。（范鎮軒）

每次上學時，媽媽都叮嚀我要多加幾件衣服，以免著涼，因爲感冒了要去看醫生，打針很不好受，藥也很難吃。（廖協彥）

2. **今天早上突然地震**

大家都好怕，有人跑到操場，我坐在椅子上，大家都驚奇的看著我，我想他們覺得我不怕，其實我也很害怕，我就說：「你們都是胆小鬼」他們却回答說我很「臭屁」。（范鎮軒）

媽媽嚇得頭髮都直了起來，爸爸嚇得鬍子都翹了起來，弟弟嚇得口水都流了下來，眞是有趣，但是我還是不希望常常有地震。（曾雅屏）

3. **我最喜歡**

跳舞，跳舞是一種好的運動，所以我喜歡跳舞。記得有一次因爲學劈腿，一不小心摔了一跤，整個人趴在地板上，同學們都在笑，害我很不好意思。（廖毓甄）

看電視，越看越近，媽媽帶我去給眼科醫生檢查，才知道已經快要近視了，還好不用戴眼鏡，不然就變成一隻很醜的「四眼田雞」。（郭品秀）

單元69：看新聞、寫標題

一、實施目的：

1. 養成兒童嗜好閱讀報紙的習慣。
2. 訓練兒童能快速抓住文章內容和大意。
3. 訓練兒童能以短短幾句話，表達文章的內容。
4. 訓練學生獨創的使用文字的對偶、神韻、趣味。

二、實施對象：

國小中、高年級及國中學生。

三、寫作方式：

寫作新聞標題。

四、課前準備：

教師剪下幾小篇新鮮、有趣的新聞內容，及其標題，作為標題寫作的示範。並準備幾篇只有內容，不見標題的文章，提供兒童練習之用。

五、教學過程：

1. 教師告訴小朋友，報紙中的文章常以標題來吸引人，以引起讀者的注意力，並舉幾篇實例，唸給小朋友聽。

動物園孔雀太多
免費贈送錢不收

(台北訊)台北市立動物園的孔雀繁殖很快，以前曾經分送給台北市各國小餵養，但是孔雀叫聲又大又難聽，影響學童上課和鄰近居民的安寧，因此又被一一送回動物園，使孔雀園擁擠不堪。

孔雀多，產的蛋也多，動物園每天派人收集孔雀蛋，煮熟後餵給其他動物吃，這也算是一種「節育政策」。

動物園表示，郊區或偏遠地區的學校，如果願意飼養孔雀，可以向動物園提出申請，免費贈送。

防止孩子被誘拐

手冊分送父母親

(台北訊)由「父母親月刊」、「桂冠圖書公司」計劃編印的「防止孩子被誘拐」手冊，自七月一日公開免費贈送，函索以來，反應良好。由於數量有限，於是桂冠圖書公司希望有需要者儘快函索。最近還收到邀請專人繪製這類漫畫書，給小朋友閱讀，讓小朋友也具備這方面的觀念。

2. 教師教導小朋友，寫新聞的標題時，除了用可數的字，表達文章的內容含意外，並應儘量使用文字的對偶、押韻、獨特、趣味，以引起讀者的閱讀興趣。
3. 教師提出從國語日報搜集來的三篇新聞報導內容剪去標題，讓學生練習自創創意的標題。（以下二篇文章爲作者搜集的文章，提供參考用）

〔桃園訊〕：桃園縣中壢市的清潔工人，因爲沒有地方可以倒掉垃圾，將三十一輛垃圾車開到桃園，圍在縣政府大門前，要求縣長立刻解決傾倒垃圾的問題，成爲「垃圾戰」中最引人注意的事件。

幾天以來，中壢市的清潔工人要把垃圾載到附近的鄉鎮去倒掉，但異地的居民堅決反對，不准他們傾倒，甚至早上二、三點時，就集合擋在路口，不准中壢市的垃圾車通過。因此，中壢市的垃圾車都裝滿了垃圾；巷口的垃圾也堆積如山，蛆在上面蠕動；污水也從垃圾堆裏流出來，臭氣冲天，中壢市民覺得非常難受。

早上七點，中壢市的清潔工人忍無可忍，將裝滿垃圾的三十一輛垃圾車，開到桃園縣政府門前的廣場，要求縣長立即解決傾倒垃圾的問題，成爲「垃圾戰」中最轟動的新聞。

(垃圾戰！戰垃圾
今日若不能善處垃圾
明日將爲垃圾所掩蓋)

〔台北訊〕：台北市某大學環境衛生系李天民教授昨天發表演講，說明以往研究出解決垃圾有效的二種方法，一種是將垃圾焚燒以後填在河邊低地，開發利用；一種是將垃圾轉化爲肥料。

李天民教授在昨天的演講中指出，現代生活進步，製造的垃圾也越來越多，造成污染環境的嚴重問題，他領導的研究小組發展出兩種方法，可以有效的解決垃圾問題。一種是將垃圾集中在焚化爐焚燒以後，體積可以減少到全部的十分之三，這些焚燒以後的垃圾不會污染環境，把它填到河邊的低地，就成爲可以利用的建築用地。

第二種方法是將垃圾集中以後，加入專用的化學藥品，能將大部份的垃圾轉化爲製造肥料的原料。

應用這兩種方法，都能將垃圾轉變成有用的材料，不但解決了垃圾污染的問題，還可以增加有用的資源。李天民教授建議政府儘快研究應用，大家可以不必再爲垃圾煩惱了。

(垃圾問題日益嚴重
專家紛提解決辦法)

單元70：看標題、寫新聞

一、實施目的：

1. 養成兒童喜歡閱讀報紙的習慣。
2. 訓練兒童能依標題大意，想像文章的內容。
3. 啓發兒童的想像力及組織文章的能力。

二、實施對象：

國小中、高年級及國中學生。

三、寫作方式：

寫作新聞內容。

四、課前準備：

教師剪下幾小篇新鮮、有趣的新聞內容及其標題，作為標題寫作的示範。並準備幾篇只有標題，不見內容的標題，提供兒童練習之用。

五、教學過程：

1. （同單元 69 之五—1 ）
2. 教師提出從國語日報搜集來的三篇剪去內容的標題，讓學生想像，組織一篇文章（以下二篇是作者搜集的文章的標題，提供參考用）

   「案多不愁，有問就說
   　冷面殺手，無智無謀」
   「超黃線，按喇叭，
   　招來警察捉竊犯，
   　手抱錄放影機上車，可疑
   　機警司機隨機應變，破案」

單元71：校園新聞寫作

一、實施目的：

1. 生活、經驗、訊息，是作文材料的泉源，讓小朋友關心多觀察四周發生的事情，動於心而發之於文。
2. 培養學生語文的精緻性。

二、實施對象：

國小二年級以上學生及國中學生。

三、課前準備：

剪貼各報校園新聞版於剪貼簿，使氣氛熱絡起來。

四、寫作方式：

引述事實，取材眞、善、美，鼓勵關心四周的事物，並能挈取重點，寫成校園新聞的標題及內容。

五、教學過程：

1. 指導學生先做「好事之徒」，凡事有我一份，對所處的校園，靜止的、變動的，都要關心體會，下課時多聽廣播，多看校園佈告欄，回到教室先做口頭報告。
2. 鼓勵學生簡單的說明這條新聞發生的原因，其中應包括人、時、地、事的要件。
3. 口述後，經老師指正，即可動筆寫，全篇文字要重自然，平鋪直敍，自始至終，井然有序，毫不混雜，使讀者在最平直的欣賞路線上，清晰的看到新聞的原委、流暢、明確。
4. 根據內容，參考課前準備剪貼簿上校園新聞版上，新聞標題的寫法，挈取內容重點，以積極鼓勵的語氣寫上標題，通常是四句，注意押韻、字數、句數和詞性的對仗。

5. 最後詳細校閱，做詞句修飾的工作。

六、教學實例：

1. **「巧手天工彩紙雕，雕出新奇花圖樣，**
三月一日來比賽，賽得冠軍光彩耀。」

最近學校的教務處舉行剪紙比賽，時間是這個星期日（三月一日），分爲初級、普級、中級和高級組，由四年級以上參加，初級和中級組在下午二點在會議室比賽。其他的在上午九點半會議室進行比賽。參加的小朋友向級任老師登記。當天帶著用具到校，紙和圖樣由學校供應。希望各位同學踴躍參加，剪紙不但可以使手藝進步，「心」也會更細膩，希望同學都能參加比賽。參加的小朋友都有獎品，得名的獲榮譽獎章一枚，大家都來參加喔！

（板橋市文聖國小　五年級　郭小萍）

2. **「制服買來新又好，希望同學別弄髒，**
穿起制服眞整齊，大家都來買制服。」

最近學校推售新的制服，可以訂購也可以現買，希望小朋友能趕快購買，下星期一就要檢查，請小朋友務必要購買；一來排隊看來會比較整齊美觀，二來穿新制服非常漂亮。請小朋友儘量不要把新制服弄髒，要維護制服的整潔。

（板橋市莒光國小　三年級　郭品秀）

3. **學校的新式自動商店**

最近學校新設五台自動販賣機，分別放在各樓樓梯的平台上，不但能使同學能夠就近買飲料喝，更能疏散下課時合作社的擁擠。

單元72：廣告街

一、實施目的：

1. 協助學生了解文字廣告的要素。
2. 發展組合內容的能力，以及精心設計的巧思。

二、實施對象：

國小中、高年級及國中學生。

三、課前準備：

教師課前準備各種的報章雜誌上的廣告圖片、文字設計、或海報。

四、寫作方式：

採文字設計的方式。

五、教學過程：

1. 教師展示各式各樣的廣告圖片或海報，並歸納出廣告的要素，包括：圖形、文字、名稱……等。
2. 請學生先假想自己要幫忙什麼分公司推銷什麼樣的產品。例如：推銷煙酒、文具、圖書雜誌、機件等無奇不有的產品。
3. 在廣告的文字方面，學生先列舉出為某產品所設計的各種的廣告文字。如為「好浴室」衛浴清潔劑設計的廣告詞「生活的涵養，從浴室開始」。

   如「法國嬌蘭香體沐浴系列產品」的廣告詞：

   「沐浴的貴族時代開始了！新的情趣與美麗正式上場。」

   如「雅柏錶」的廣告詞：

   「雅柏錶響起夏日節奏：買雅柏錶，送海灘墊」——

雅柏的夏天，飛揚在海邊，徜徉在山巔，輕巧的海灘墊，坐臥皆宜，陪你做日光浴，戴著雅柏，活躍一季——

這些簡短的文字力求簡潔有力，幽默風趣，花招百出，再從這些文字中選擇最適當的作爲配合圖樣的廣告文字。

4. 請學生把圖樣和文字配合起來，設計一個圖文並茂的推銷廣告或海報。

單元73：改寫成劇本

一、實施目的：

1. 小朋友自編自導自演，滿足其創作及表現慾。
2. 啓發兒童的想像力。
3. 啓發兒童的精進力。

二、實施對象：

國小中、高年級學生及國中學生。

三、課前準備：

已熟知故事內容，幾乎會背下來了。

四、寫作方式：

由已知的短篇故事改編成劇本，由淺入深，簡單的故事情節，能使兒童熟悉編寫要點。將一個單純的小事件，發揮想像力，衍生成精彩豐盈的劇情。

五、教學過程：

1. 將國語課本（例：第六册，丟了十塊錢）的課文內容，師生共同賞析了解課文，①主題，②段落大意，③編寫的程序，④編寫技巧。
2. 教師講解創作的原則：
   (1) 選擇有意義的主題（可配合中心德目的勇敢、睦鄰、知恥……）
   (2) 佈景，角色不要太多，最多不要超過四幕。
   (3) 雖然先要發揮想像力，但也要合理的發展劇情，耐人尋味，整個劇情由簡而豐，前後要呼應。
   (4) 動作、表情、旁白及音效都要寫出來，而且用括號標明，表演起來才會自然眞實，此外，服裝、道具、配樂、海報都是激發兒童創造的體材。

(5) 動作明確，對話簡短、生動，平均分配，不要集中在一個人身上。

3. 爲能有廣大的思想空間，發揮想像力，所以從舊經驗中找一個內容較精簡、人物較少的短篇故事，以決定題目，如：（國語習作第六册，頁60，一個藍布包），再構思劇情的大概。

4. 段落大綱先設計出來，再按照編寫的程序逐項寫下去。時間、地點、人物、布景、開幕……劇終（閉幕）。

六、教學實例：

(一)改編課文：

題目：一個藍布包

人物：陳三（年約三十，老實）
客人（是一個商人，拿著一個藍布包）
村人甲、乙

地點：茶館

時間：下午二點

（開幕的時候客人走進來，提著藍布包。）

客人（坐下椅子）：喂！小二，來杯茶吧！

陳三：來啦！（把茶放上後，又忙著招呼別的客人。）

客人：喝口茶眞舒服呀！（拿起杯子一口喝完）小二，算錢（從腰裏掏出錢，付錢後急忙離去。）

陳三：（伸個腰）忙了一會兒，可眞累。（回頭一看）咦！怎麼會有一個藍布包呢？不知道是那一位客人丟的？（打開布包）哇！這麼多錢。

（半年後）

客人：小二，請問半年前你有沒有看見……

陳三：（不等他說完，就先說）是不是一個藍布包？

客人：是！是！就是這布包。

陳三：應該小心一點，不然就不見了！

客人：謝謝。這是我作生意的本錢，成功後我會分你一半的。

（說著便走出茶館）

（光陰飛逝了三年）

客人：（來到茶館）我成功了，我應該分你一半的錢。

陳三：不，那錢我不應該拿，再說我也有錢。

村人甲：喂！你有沒有聽到他們的談話？

村人乙：嗚！我好感動，這事要讓全村知道。

村人甲：對！趕快去。

（從此，陳三生意越來越好，也賺了很多錢。）

（板橋市莒光國小　三年二班　張雪玲）

㈡**改編唐詩：**

原詩：遊子吟　　　　　孟郊

慈母手中線，遊子身上衣；

臨行密密縫，意恐遲遲歸。

誰言寸草心，報得三春暉？

時間：夜晚

地點：屋內

人物：母親（年約五十，面容慈祥）

兒子（年約二十，年輕力壯）

佈景：一間小屋裏，屋中有一張桌子，和二把椅子，桌子旁還有一張床以及幾樣簡單的佈置。

△幕啓時，母親正坐在桌前縫衣裳，兒子正在整理行李。

母親：（自言自語）唉！這一次出遠門，不知道他要到什麼時候才會回來，縫這麼一件衣服給他穿，也不知道他喜不喜歡？

兒子：媽，我這一次出門，也不知道要到何時才能回來，您可要多保重呀！

母親：（難過）兒子呀！出門在外可不比在家裏事事依賴父母，凡事可都要靠自己，你得小心點，還有……

△兒子連忙打斷母親的話。

兒子：好了，好了，媽，我都長這麼大了，也懂得照顧自己了，您就不要再爲我操心了，不要老把我當小孩子看嘛！

母親：不是我愛嘮叨，我實在是放心不下，尤其這是你第一次出遠門，從小你就沒離開過我身邊，你叫我怎麼捨得呢？

△這時母親眼淚落了下來，兒子急忙安慰。

兒子：好，媽，出門在外我一定會照顧自己，況且，我長大了，也應該出外闖一番事業，我不該老是待在家裏，我應該到外面賺錢來孝順您呀！

母親：（含淚微笑）孩子！你總算是懂事了！

△母親急忙把眼淚擦乾。

母親：好了，好了，暫時不談這些，這裏有一件衣服，是我做的，你趕快穿穿看合不合身。

△母親把衣服遞給兒子，兒子把它穿上，恰好合身。

兒子：（流淚）媽！謝謝您！

△兒子和母親緊緊的抱在一起。

母親：出門在外不比在家好，如果被人欺負了，就趕快回來找媽哦！

兒子：我知道。

母親：（流淚）記住呀！要早點回來！

兒子：媽，您放心，我會的！

△母親含淚微笑望著兒子。

（劇終）

（板橋市莒光國小 六年十四班 李佳玲）

單元74：只是假想……

一、實施目的：

1. 假如以前歷史上的某一個事件沒有發生，會是一個怎麼樣的新局面，引導學生學習從各個不同的角度看這一個問題。
2. 讓學生學習分析事情的前因、後果，使他們具分析、批判、想像、創造的思考能力。

二、實施對象：

國小中、高年級及國中學生。

三、課前準備：

教師平常多提供歷史故事書給小朋友看，多講歷史故事給小朋友聽，以培養兒童良好的閱讀習慣。

四、寫作方式：

散文的寫作方式。

五、教學過程：

1. 教師講述一些歷史上的大事給小朋友聽，激發學習的興趣，如：「荊軻刺秦王」、「美國南北戰爭」、「哥倫布發現新大陸」……等。
2. 教師分析並證明這些大事在歷史上的重要性，對後人有那些重大的影響。
3. 教師引導學生想像，如果這些大事沒有發生，會是如何的情形，如：「小朋友！荊軻刺秦王的故事，你知道嗎？荊軻是戰國齊人，到燕國後，太子丹對他非常禮遇，希望他能去刺殺秦王，也就是後來統一天下的秦始皇。荊軻義無反顧地去了，並在易水，好友爲他送行的餞別宴中，悲壯地唱出：「壯士一去兮，不復還。」他不幸言中，謀刺失敗之後，反而被秦王所殺。「如果荊軻刺秦王成功了，歷史上會有什麼樣的改變呢？現代的中國難道也會有所不同嗎？」請每一位同學寫一篇文章，假想這個不可能的結果。

單元75：假如我當了……

一、實施目的：

1. 用「假如我當了……」的方式，可以讓學生逃出自我束縛的思考的圈子，以思考的方式，去假想如果你站在別人的位置或角度時，你的看法、想法、做法會是如何。
2. 使學生擴大思考的空間，改變思考的方式。
3. 並增強學生思考問題及解決問題的能力。

二、實施對象：

國小中、高年級及國中學生。

三、課前準備：

四、寫作方式：

散文寫作的方式。

五、教學過程：

1. 教師問學生的志願是什麼？有人想當飛行員，有人想當太空科學家，有人想當市長，有人想當校長、主任、教師、總經理、作家……。
2. 全班討論這些人的工作內容是什麼？
3. 全班討論假如你達成了你的希望，你會怎麼去做好你的工作，實現你的理想。此時教師也許可先引導兒童思考這個工作的挑戰是什麼？要如何克服它們等？
4. 教師請每位同學寫一篇文章，名稱：「假如我當了…」。

六、教學實例：

假如我當了衛生局長

假如我是衛生局長，我一定要努力於消除公害。我要聘請世界一流的專家學者來檢討過去的一切衛生措施，把不完善的變成完善的，甚至增設各種新的設施，以解決污染的問題。例如：

垃圾污染：我要改良焚化爐，把可燃物毫無痕迹的處理掉，而把不燃物體，用最衛生、四周維護設備最好的掩埋場來掩埋。

河水污染：定期派員到各大川流地區堪察，若發現河水被污染了，便盡快查出污染水源的工廠或個人加以重罰，並想辦法將它恢復原來美麗的容貌，讓人們有乾淨的水喝，魚兒有舒適的家。

空氣污染：每一年都檢查每一輛汽、機車的排氣情形，不合格者施以罰款，並要求其換一輛新車，若一個月內仍沒有改善，則吊銷其執照。對於工廠廢氣處理不當者，適時要求其改善，若半年內沒改善，便勒令停工。

假如我眞的當上衛生局長，我的這些措施，應有助於環境衛生的改善，但最重要的，還希望人民能充分與我配合，這樣，我們才能獲得一個既乾淨又美麗的社會環境。

假如我當了市長

「××銀行，發生搶案」，在我的眼裏，板橋市是一個風氣很壞，交通不好，垃圾非常多，樹木少的社區。假如我是板橋市長，我要拿出我的抱負和理想，來改善社區環境，以及以上的缺點。

假如我是市長，首先要改善風氣。我不准色情行業介入住宅區。我要派出五百名警察，隨時檢查再向議會報告；然後調三千萬元，先爲警察謀福利，剩下的錢要來買步槍、衝鋒槍、防彈背心等等。第二個我想改善的是交通。我要每個駕駛人一定要讀熟交通規則書，假如違反交通規則就要罰三千元至一萬五千元，犯了太重就取消駕駛執照，再用攝影機看司機有沒有偷雞摸狗。第三個要處理的是垃圾問題。我要設置垃圾焚化爐，把所有的垃圾拿去焚化，變成肥料。再廉價賣給農人，這樣就不會有二次公害；得到的錢，百分之四十做爲建設基金，百分之五十救濟窮人，剩下的一半儲到瑞士銀行，一半來種樹，有芬多精，對身體很好喔！

希望我能當上市長來造福人民社會，使社會更加繁榮。

（板橋市莒光國小　六年十六班　王哲龍）

七、本活動變換方式：

讓學生寫「假如我是……」的文章，如：「假如我是一片雲」、「假如我是一隻小鳥」。

單元76：新式產品報導

一、實施目的：

1. 讓兒童了解新聞記者的工作內容。
2. 培養兒童敏銳的感受力，能隨時發現事物的缺漏處，及問題的缺點所在。
3. 培養兒童以幽默有趣，新奇獨特的方式去思考。
4. 培養兒童的獨創力與精進力。

二、實施對象：

國小、國中學生。

三、課前準備：

教師課前準備一些兒童玩具，或兒童玩具的圖片亦可。準備一隻玩具熊。

四、寫作方式：

寫作段落的方式。

五、教學過程：

1. 教師展示搜集到的兒童玩具，提示兒童去發現這些產品在使用或把玩時有那些缺點？並思考如何改進這些缺點，使這些玩具變得更有趣、好玩、與衆不同。
2. 教師引導學生說：「假如有一天，你當了新聞記者，天天背著照相機，挾著筆記，到處採訪新聞。這時，有一家玩具公司發明了一種樣式最新奇、最好玩、最有趣的玩具熊，這種玩具熊和別的玩具熊產品完全不同，玩起來既刺激、又有趣，這家玩具公司請你寫一篇新聞報導，來介紹這種新奇、有趣、好玩的玩具，你要想辦法把它新奇、獨特、有趣、好玩的地方描寫出來。這樣才能吸引讀者去買這種新式的玩具。

3. 寫完後，並為這篇新聞報導取一有趣、獨特的新聞標題。

單元77：日常用品的妙用

一、實施目的：

1. 使每位小朋友對自己生活周遭的日常用品感到新奇。
2. 使小朋友思考如何對日常一般用品做不同的使用，使其具有更神奇的功能，啓發兒童的變通力。
3. 使每位小朋友成爲小小發明家。

二、實施對象：

國小及國中學生。

三、課前準備：

教師帶一些日常用品到學校來。如：衣架、舊衣襪、領帶、雨傘……等。

四、寫作方式：

句子的寫作方式。

五、教學過程：

1. 教師引導學生思考不受拘束，做日常用品各種特殊用途的聯想。如聯想：「鉛筆除寫字外，尙可做那些不同的用途……。」「雨傘除雨天拿來遮雨外，尙可做那些其他的用途……。」
2. 請每位學生拿出一張小紙條，把這些不同的用途記錄下來。
3. 教師請幾位同學把他的記錄內容分享給大家。並看看誰想得多，想得好，想得巧，想得妙。
4. 請每位小朋友把剛才記錄的資料寫成句子。包括：這一件東西平常除了做什麼用途，我還可用來做些什麼？如何使用？敎小朋友列舉的新用途愈多、愈妙、愈好。

單元78：發明的新構想

一、實施目的：

1. 使小朋友學習注意到日常的生活用品，敏感於這些日常用品的缺點。
2. 指導學生用創意思考，將這些用品缺點加以改進。
3. 使每位小朋友成爲富有創意的兒童。

二、實施對象：

國小、國中學生。

三、課前準備：

教師課前搜集一些日常用品的圖片。

四、寫作方式：

採段落的寫作方式，可寫一段或多段。

五、教學過程：

1. 請每一位小朋友列舉出家中或自己手邊常用的日常用品，如：雨傘、書包、鉛筆盒、橡皮擦、椅子、電視機、床鋪……等。
2. 請幾位小朋友在這些列舉出的東西中，找出一件東西敍述其缺點。如：自己的床鋪有那些不方便的地方？及如何使它更方便、更舒服。
3. 請每位小朋友寫一段文章，報告自己所用的這件物品的缺點，及自己的發明新構想，這件新構想純粹是幻想的，小朋友幻想它的神奇功能，如：

   「我的妙妙傘，它的功能……」

   「我的萬能筆，它可以……」

「我的口袋型電視機……」

「我的萬能床舖…………」

六、教學實例：

萬能的床舖

現在的床舖只能睡覺，而不能做其他用途，要寫字的話，又不好，因爲姿勢不對。要吃飯的話，又不方便。所以讓我來發明萬能的床舖吧！

床舖可以一面睡覺，一面當飯桌。只要把飯桌的吃用具收起來，再把飯桌的一個按鈕，按下去，書架就會升上來。只要事先把書排上去，就可以升上下降自如了。

床舖睡覺那一面只要冬天就按按鈕，床舖就變成一些冬天的睡覺用具了。再把另一個按鈕按下去就變成夏天的草蓆、浴巾了。一共有春夏秋冬四個按鈕。

（台北市義方國小　二年三班　蔡德議）

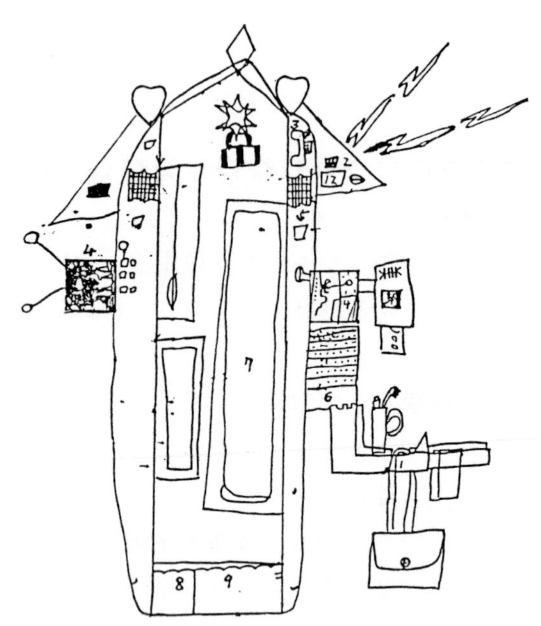

1. 可放書包、洗臉巾、牙刷牙膏。
2. 有鬧鐘。
3. 有電話機。
4. 有電鐘。
5. 有音樂機。
6. 有書架。
7. 可放枕頭、棉被、圍牆。
8. 有尿桶。
9. 可洗臉。

單元79：新產品快報

一、實施目的：

1. 引導兒童從日常生活中，發現日常用品有那些缺點，可培養兒童對於問題的缺點的敏感性。
2. 針對這些缺點，提出創意的改進辦法，可培養兒童創新發明的新觀念。

二、實施對象：

國小低、中、高年級及國中學生。

三、課前準備：

教師隨時留意收集一些新產品的圖片和文字報導，對開圖畫紙。

四、寫作方式：

段落寫作方式，可寫一段或多段。

五、教學過程：

1. 教師將學生分成5人一組，每一組發揮團體的想像力，設計一種新式的「公共汽車」。
2. 將小團體討論的結果用繪畫和文字的方式報導出來，在對開的圖畫紙分成兩部份。一部份設計圖樣，一部份書寫文字報導，文字報導並強調標題字的新鮮、刺激、有趣。
3. 設計完畢後，每一小組請一位口才較佳的同學負責報導新上市的新產品。
4. 老師亦可事先請幾位同學擔任評審，評出各組中的最佳設計，以激發同學們學習的動機。

六、本活動變換方式：

除了採團體設計的方式外，亦可採用個別設計的方式，讓每一個小朋友設計一種新產品，如設計「電腦運動鞋」的新產品快報，「移動式梯子」的新產品快報（採自民生報）。

七、教學實例：

• 新產品快報

電腦運動鞋

消耗熱量算得出

這並不是一雙「電子錶運動鞋」，而是一雙具有多項功能的「電腦鞋」(computer shoe)。

圖中箭頭所指一只類似電子錶的方型螢幕，用以顯示運動者所跑的總距離、運動總時數，甚至根據體重計算消耗卡路里數的特殊儀器。

這雙安裝有電腦感應的運動鞋，有四個設定的按鈕，可依照使用者的需要逕行設定，價格通常比一般球鞋多出二百多元左右，目前外銷價格約美金十七點六元。

移動式梯子

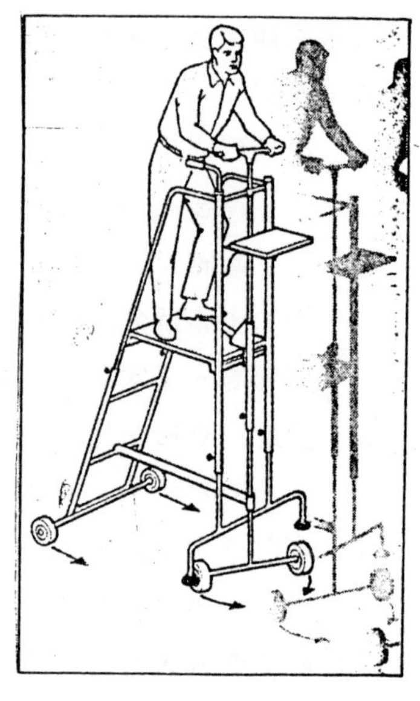

在高處工作必須使用梯子，不過每次爬上爬下、改變梯子的位置十分麻煩。圖中這種新發明即針對這個問題而設計，只要脚

踩踏板，梯子前端的輪子卽下降至適當位置，此時扭動把手，控制輪子的方向，卽可令梯子移動。輪子上均設有防止輪子逆轉的止輪具，使輪子只能向前進，而不會四處滑走，安全無虞。

（台北市義方國小　六年一班　李孟展　74．11．7　）

1. 四度空間的車廂
2. 空氣調節器
3. 車燈
4. 駕駛者：爲機器人
5. 車掌：收票、錢，也會通知駕駛停車靠站
6. 窗口：車掌用
7. 露天第二車廂
8. 車燈
9. 履帶
10. 強力彈性 PU 保險桿
11. 履帶
12. 車門、梯子
13. 車輪
14. 烟管

新式公車

我所設計的公車，既舒服又寬暢，因爲採四度空間，不怕有人沒位子坐，而且每個人都有位子坐，又有冷氣空調系統，不怕因人多而悶熱。在第二節的車廂，採露天式，乘客在上面可欣賞沿途風光。

而四度空間車廂有身歷其境大型螢幕，顯示出行進間的風景，

以彌補無窗戶之苦。

至於駕駛者，是會看、會說、會聽、會想的機器人，能辨認街道號誌和紅綠燈，及判斷車速及做車禍時的應變措施。而車掌機器人，則做收費、統計人數，通知機器駕駛停車開車及控制冷氣空調系統，及對乘客的通知，和第二節車廂蓬子的啓、合。

（台北市義方國小　六年一班　李孟展）

單元80：老爺車歷險記

一、實施目的：

1. 教師製造缺漏曖昧的問題情境，引導全班同學發揮他們的創造力，解決各種問題。
2. 教師利用故事中斷的方式，培養學生的想像力，並鼓勵學生流暢、變通、獨創的想像。
3. 鼓勵學生思考問題的解決方法時，應思考週全、細密、精益求精。

二、實施對象：

國小中、高年級及國中學生。

三、寫作方式：

敍述故事的寫作方式。

四、課前準備：

教師收集動物聲音的錄音帶，或非洲大草原及動物的圖片。

五、教學過程：

1. 教師以動物聲音的錄音帶引發學生探索問題的好奇心及學習的動機。
2. 教師一面展示非洲大草原及動物的圖片，一面敍述下列問題，引起學生的想像力：

「在非洲，有廣濶的草原、原始的森林和曲折的溪流。那兒是動物的天堂，有象群在玩耍，有斑馬在奔跑，獅子、老虎在狩獵，成群的羚羊在奔馳……。這兒住的黑人生活很簡單，大都靠漁、獵及種田爲主。有一位白人牧師名叫格林先生。他和太太及女兒一直住在非洲，從事傳教的工作。他們生活並不富裕，但託上帝之福，全家大小始終平安、幸福、愉快。

有一天，格林先生帶著太太和女兒去接遠從美國到非洲來遊覽的妹妹。從他家住的村子到約定見面的地方有一段艱辛的路程。格林先生一家三口駕著那輛破舊，走起路來吃力緩慢的老爺車出發，由於時間匆忙，他們除了帶些食物外竟忘了帶修車的工具。老爺車在草原上奔馳，女兒小美說：『好像在野生動物園玩』，一路上高興的笑個不停。

但是，當老爺車經過一個坡度緩且長的淺降坡時，刹車突然失靈……。」

教師此時中斷敍述故事，請學生一起想辦法解決這個困局。

「老爺車好不容易度過了淺降坡，有驚無險的一幕後，繼之緩慢的向前行駛，車子來到一條淺溪，因爲沒有橋，老爺車只得涉水而過。突然車輛陷入水坑中。傳聞這條溪流有鱷魚，格林先生緊張的開動車子，想把車輪倒出來，結果把馬達皮帶給震斷了。這時他們要如何出坑洞，離開溪流，發動車子……」

老師此時中斷敍述故事，請學生一起想辦法解決這個困局。

「格林先生的妹妹下了飛機後，坐著公車到達他們約定的地點。可是天漸漸黑了，她一直未見哥哥開車來接她，只聽到遠處森林中傳來的狼叫聲、野獸的哀號聲……」。

老師此時故事再中斷，請學生以想像力、邏輯思考力完成這段故事。

3. 教師請每一位學生把剛剛這個故事的內容，不全的部分，依個人的解決辦法及想像力，補充完整，寫出一篇完整的故事出來。

單元81：都市的無形殺手—噪音

一、實施目的：

1. 引導兒童了解週遭的環境，關心自己所處的生活環境，並參與改進生活週遭的不良環境因素。
2. 引導兒童思考如何改變生活週遭的不良環境，可以培養兒童的想像力、創造力和問題解決能力。

二、實施對象：

國小、國中學生。

三、課前準備：

四、寫作方式：

論述性文章的創作。

五、教學過程：

1. 教師把全班分成約 5 或 6 人一組，分組討論都市噪音對我們的影響？噪音的來源？以及如何改進都市的無形殺手——噪音。
2. 每組有一小組長，將小組討論結果紀錄下來。討論完畢後，教師請每一小組的小組長，代表本組的小朋友，報告小組討論的結果。
3. 全部的小組長報告完畢後，教師指導每一位小朋友寫一篇論述性文章，內容包括敍述都市噪音的來源？噪音對我們的影響？我們要如何來消除都市的噪音問題？

六、教學實例：

噪音你是無形的殺手

噪音是一個有名的殺手，通常我們都看不到他，因爲他都躲在人多車子多而吵雜的街上，而且你把收音機打開放的很大聲，有可能就會成爲噪音，如果你家放出噪音，鄰居就會不喜歡你。噪音是無形的，你們看不到，但他隨時隨地的跟著你，如果你不知道他在跟著你，而且也不改正過來，你將會成爲一個喜歡噪音的人。因此，我們常叫噪音是無形的殺手。以下我有三個改正噪音的方法如下：

1. 在家不要把電視機或收音機開得太大聲。
2. 如果爸爸開車亂按喇叭，要告訴他不要亂按。
3. 如果社區有噪音的現象，要告訴警察，叫他加以改進。

如果能做到以上三項要點，這個社區就能安靜和諧。

（台北市義芳國小　六年三班　劉維華　）

單元82：幫古人想個法子吧！

一、實施目的：

1. 激發兒童觀念的流暢性。
2. 培養兒童的問題解決能力。

二、實施對象：

國小中、高年級以上。

三、課前準備：

四、寫作方式：

段落的寫作方式，可寫一段或多段。

五、教學過程：

1. 教師舉出有趣的歷史故事，如：「蘇武是一個非常愛國的人。漢武帝時，他出使匈奴，結果匈奴王把他關在大牢中，脅迫他投降。他不屈從，於是匈奴王就給他一群公羊，要他到北海放牧，直到羊生了小羊才能回來，可是公羊怎麼會生小羊呢？小朋友，你是不是能替蘇武想個法子，讓他能夠不必在冰天雪地中過十九年的苦日子，而且可以早早回漢朝。」
2. 學生自由敘述他們的解決問題的想法和觀念。
3. 每一學生寫一篇文章，敘述他的解決問題的想法和做法。

六、本活動變換方式：

「魯賓遜漂流到無人的荒島上，雖然暫時在荒島上居住下來，但無時無刻不在想念遙遠的故鄉，希望早日重回故里，小朋友你是否可替他想想辦法，幫助他早日達成心願。」

七、教學實例：

「吳剛是一位神仙，因爲做錯了事情，被玉皇大帝處罰，罰他到月球上去住。月球上有一棵桂樹，玉帝規定吳剛要把那一棵桂樹砍倒，才能返回天庭，但可憐的吳剛發現受騙了，他砍一天樹，隔天所砍的部分馬上又復合了，他日以繼夜的砍，結果那一棵桂樹仍然枝葉茂盛。小朋友，吳剛好想回家，你告訴他個法子吧！否則他一輩子都要孤單寂寞的在月球上住了。」（取自民生報）

●把一桶濃硫酸灑在樹的根部，一直灑，灑到桂樹的內層中，就停止。因爲濃硫酸有很強的脫水作用，能把根部的水分吸乾；又因樹身（上面）的水分較多也較結實，而根部水分被吸乾後，即變成一堆黑炭。所以頭重腳輕的，桂樹便會自行倒下，不費吹灰之力，就解決了吳剛眼前的困難了。

（台北縣　林貝賓）

●吳剛和神仙到月亮後，神仙沒多久就走了。他很寂寞，心想：「我既然沒有耐心，不如想些妙法子吧！」想著想著，吳剛大叫：「啊！有了！樹停止砍伐會復原，土總不會吧！」他想到了好法子，樂得手舞足蹈。

由於思鄉心切，第二天便「開工」了。他用斧頭及有力的雙手，把老桂樹根旁的土挖掉，因爲有些根很長，他工作了九天九夜，終於把土挖空；根沒了依靠，整個老桂樹「轟」的一聲倒在「月面」上。

就在那一剎那，吳剛回到了地球；他回到家，一切都沒變。他想起了在月亮上受的教訓，就開始努力工作、認眞看書，沒多久就變成一位聰明的富翁。

每當他在閒暇時，總不忘告誡他的子孫；而每當想起和藹的老神仙，心中就有無限的感激！

（台北市　黃偉誠）

●毫無耐心的吳剛，幾千年前就急著要回到地球，他拼命的砍伐桂樹。他卻沒有想到，千年後的今天，人類已把地球糟蹋的污烟瘴氣，現在反而一心一意欲往宇宙發展。

月球剛好離地球最近，說不定再過幾年，月亮已成觀光勝地。到那時，吳剛先生只要申請一份觀光營業執照，就可以安安穩穩的做位大老闆；桂樹也不用伐了，地球的人類不是極力倡導保護森林環境嗎？　（高雄市　陳清華）

●吳剛不能耐心砍完三百棵桂樹，便日夜倚樹休息。恰巧有一天嫦娥路過，便指點吳剛說：「當太陽初昇的一剎那，讓這銅鏡對著陽光射來的方向，再移動至桂樹，便可以燒掉桂樹了。」吳剛便照著嫦娥的指示去做。

但是，吳剛不是起得太早，就是睡過頭了。有一天，吳剛便立志不睡覺耐心地等到天亮。終於等到日出的一剎那，用鏡子的反射，桂樹全燒光了。

由於嫦娥一再挽留，吳剛便不回地球，從此和嫦娥過著快樂的生活。　（台北市　曾煥祥）

單元83：文字、數字二重奏

一、實施目的：

1. 指導學生創作問題解決的情境及學習解決數字的問題。
2. 培養學生勇敢面對問題的挑戰。

二、實施對象：

國小及國中學生。

三、課前準備：

四、寫作方式：

寫作問題情境的句子。

五、教學過程：

1. 教師舉例說明數學在生活中應用的故事，例如：市場買賣的應用、統計報告的應用……等。
2. 教師敍述一些故事情境，這些故事中有一些數字問題要學生去解決，看那一位學生能解決，老師給獎鼓勵。
3. 教師請學生設計數學的故事情境，每人寫作二則，彙統後，請全班每位同學學習解答。

單元84：問題解決專欄

一、實施目的：

1. 幫助學生發展問題解決的技巧。
2. 培養學生參與團體工作，關心別人及幫助別人的同情心。

二、實施對象：

國小及國中學生。

三、課前準備：

老師和學生共同搜集報章雜誌上有名的專欄作家所寫的問題解決專欄，把它們剪下來。教師請學生每人寫一封有關自己的困擾問題的信，投入設置好的班級信箱中，作爲教材。

四、寫作方式：

信件的寫作方式。

五、教學過程：

1. 每個學生扮演報章雜誌的專欄作家。
2. 教師打開準備好的困擾問題信箱，請每位同學從信箱中任意抽出一些困擾的信件。
3. 請他們根據抽到的班上同學的困擾問題，以信件方式提出建議的辦法，並加以回信。

六、本活動的改變方式：

1. 教師搜集報章雜誌上專欄作家所寫的問題解決專欄，並把回信剪下，讓學生根據原信去提出解決辦法。
2. 教師請學生扮演其他的報紙專欄作家，寫作各種不同的專欄，如寫作班上的名人採訪報導，或寫作學校的名人採訪報導。

3. 請學生搜集報章雜誌上的問題解決專欄及問題解決秘訣，對於自己不同意的建議方法，再重寫出自己的想法與作法。

七、教學實例：

萬能博士您好：

我最不喜歡吃晚飯的時間了！媽媽老是要我吃我不喜歡的魚、肉和青菜，弄到最後，我和媽媽都很氣。這事讓我很煩惱！您說我該怎麼辦呢？　　祝

愉快

困擾的小青敬上

77 年 8 月 1 日

小青您好：

什麼樣的食物都吃，我們才會健康的！吃魚對我們的骨骼和頭腦有益，肉的蛋白質也會幫助我們長得更高，各種青菜有各種營養和足夠的纖維質。難道你不喜歡身體健康嗎？一想到魚、肉、青菜的好處，就比較愛吃了。

祝

身體健康

萬能博士敬上

77 年 8 月 5 日

單元85：探索名字的起源

一、實施目的：

1. 培養學生對於自己的名字的好奇心。
2. 引導學生探索名字的意義，以培養學生探索問題的興趣。
3. 培養學生對於探索文字意義的興趣，增進其語文能力。

二、實施對象：

國小中、高年級及國中學生。

三、課前準備：

教師請學生回家請教父母親，有關在取他的名字時，這個名字是怎麼來的？有何特別的意義？學生並事先查閱字典、辭典、名字學等參考資料。教師在課前亦準備一些有關名字學的參考書。

四、寫作方式：

散文的寫作方式。

五、教學過程：

1. 教師舉例說明父母親在取每個人的名字時，多多少少都有特別的意義存在。例如：以前本省人子女生太多了，有些子女並不是父母預期中誕生的，就取個名字叫「罔腰」、「罔市」（閩南語），其意思是既然生了，就只好養他（她）吧！

   中國人相信五行之術，小孩子出生時，如算命先生說他缺「土」或「火」，則在名字上冠上火部或土部，以便五行相剋。所以有些人的名字叫「火爐」、「清山」、「金水」、「振土」等。

   此外，取名字往往喜歡討個吉利，所以取名字往往用一些具有吉祥福氣的文字，如：「德祥」、「振福」、「文吉」、「文瑞」……等。

2. 教師可舉自己的名字爲例，試加探索自己名字的來源，名字的字意……等，向學生說明。
3. 教師請幾位學生說明他們探索自己的名字的來源及字意的結果。
4. 教師請每位學生寫一篇文章，介紹自己名字的來源。

六、教學實例：

我的名字的來源

在中國，每個人有一個姓名，前面一個字是姓，後面是名字。姓大多是一個字，也有人比較特別，他們的姓是兩個字。名字大多是兩個字，也有人只有一個字。我姓林，名字叫建平。

中國人姓林的很多，所以「林」是大姓。我們家兄弟的名字中，都有一個「建」字，大弟叫建勳，二弟叫建洲。「建」字在中國文字上，它的意義是完成大的事業，貢獻自己的心力的意思。因爲「建」字有積極的字意，所以全家兄弟的名字都冠用上了。我的名字的第二個字是「平」，平是和平的意思。總括「建平」二字的意思，就是建立世界和平的意思。

「建平」這兩個字的意義是何等的有抱負，可見家父、家母對我的期待是何等深遠啊！

七、本活動變換方式：

教師亦可以請學生調查一些的地名、寵物名、綽號、班名……等的名字的來源。

單元86：矛盾的探索

一、實施目的：

1. 培養學生面對問題的好奇心、敏感性、挑戰性、及冒險性，以解決心中的疑惑問題。
2. 輔導學生應用其聯想力去解決問題。

二、實施對象：

國小及國中學生。

三、課前準備：

四、寫作方式：

散文的寫作方式

五、教學過程：

1. 教師敍述一個矛盾的問題，請學生指出這個問題的矛盾所在，激發學生對於問題的好奇心及敏感性。
2. 教師指導學生去探索矛盾問題的前因後果。
3. 這種矛盾的探索的題目如下：

   「小英是一個美麗的小女孩，她說話的聲音如黃鶯出谷，清脆悅耳，但為何她終日不言不語，……這到底是怎麼回事？」

   「小春不但聰明，而且美麗，但是，從來沒有一個人說小春是個好女孩，大家背地裏還叫她惡婆子，為什麼呢？」

   「阿吉是一個走江湖的郎中，年過四十尚未娶妻，終年陪伴他的是一隻會飛的猴子，四處賣藥獻藝為生，這到底是怎麼回事？」
4. 每一位學生寫一則有關於這個矛盾問題的答案。

單元87：公元二○二○年的新住家

一、實施目的：

1. 培養學生勇敢探索問題的好奇心。
2. 訓練學生思考的觀念具有流暢性。
3. 訓練學生面對問題的挑戰精神，及解決問題的能力。
4. 培養學生豐富的想像力。

二、實施對象：

國小中、高年級及國中學生。

三、寫作方式：

散文的寫作方式。

四、課前準備：

教師課前搜集一些人類的圖片。（包括：建築物，如：洋房、磚房、石板屋、樓房、大廈……等，及屋內設備如：傢俱、電化製品……等的圖片。）

五、教學過程：

1. 教師展示不同建材的建築物的圖片，敘述人類隨著文明的進步，居住的房子也不斷改善，並愈趨舒適豪華。
2. 教師引導學生列舉今日住家的建築及設備，如：堅固的水泥房內有冷暖氣機、電視、電腦、微波爐……等，並歸納說：「這些建築及設備均是人類發明創造，以改進生活的實例」，並鼓勵學生養成創造發明的習性及抱負。
3. 請學生發揮天眞的想像力，異想天開的假想三十年後（即公元2020年），你的住家會有那些新式的設計及設備，使你住得更方便、更舒服。（透明玻璃屋、能源來自太陽能、高空屋、海底屋、自動化家庭污水處理系統、電腦作功課、電腦是老師、在家中用電腦傳眞訊息上班、機器人……等）。教師並引導學生討論這些問題。

4. 教師請每一位小朋友寫一篇文章，敘述公元 2020 年的新住家是一番什麼景像。

單元88：未來的交通工具

一、實施目的：

1. 了解人類交通工具所帶來的優點和缺點。
2. 面對目前的交通問題，思考人類解決的辦法。
3. 以想像力創造人類未來的交通工具。

二、實施對象：

國小中、高年級及國中學生。

三、課前準備：

教師搜集古代到現代人類所使用的交通工具的圖片、影帶、或車聲的錄音帶。

四、寫作方式：

散文式的寫作方式。

五、教學過程：

1. 教師提示交通工具聲音的錄音帶，從古到今交通工具的圖片或影帶，引起學生的學習興趣。
2. 教師引導學生列舉陸、海、空交通工具的名稱。
3. 教師引導學生討論目前交通工具有那些缺點？及如何改進這些缺點的創意？
4. 每一位學生寫作一篇文章，描述未來的交通工具發達的情形。

六、教學實例：

二十一世紀的交通工具

二十一世紀將會是一個新潮、進步的世紀。尤其是在行的方面，更是便利。

在二十一世紀時，脚踏車、公共汽車、貨車等，將會消失得無影無踪，而陸、海、空三用的「飛行車」，將會是人類最便捷的交通工具。這種交通工具——「飛行車」，是不用加油或充電，因爲在它的前座有太陽能電池。只要有太陽，它就會接收並使車發動；如果有剩下的電，就儲藏在太陽能電池中的水晶球裏面。如此一來，就算天上烏雲密佈，沒有陽光，電力也可由水晶球中導出。下雨，也可以按u鈕，就有一層防雨罩擋住。如有大颱風，也可按黑色鈕，就會有擋風罩護著你。這樣一來，大風大雨對你是毫無傷害，豈不安全？而以後會有一種抵抗地吸引力的「反吸盤」，如果附在東西上頭，那東西就會不受地吸引力的影響而升空。到了那時，就可以在空中製造市場房子等。當你乘坐「飛行車」，到了空中市場，場內的電腦自動顯示出所有菜的價目表，供你參考。並且用對講機和賣菜的機器人溝通，當然啦！「飛行車」會伸出它的機械手臂付款……等等。最重要的是坐在「飛行車」裏，你就不必怕強盜、小偷，他們是傷不了你的。

總之，二十一世紀的行，會更進步；至於進步到什麼程度，那就得看人們的創造能力了。

（台北市中山國小　資優班　廖逸文）

七、本活動改變方式：

請每一位學生以文章描述自己設計的一種新式的陸上交通工具。

單元89：西元二〇一〇年

一、實施目的：

讓學生去想像，隨著時間的變化，同一事物可能產生那些新的局面，以培養學生的預測結果的能力，想像的能力及了解事物間的因果關係。

二、實施對象：

國小中、高年級及國中學生。

三、課前準備：

教師搜集有關外太空及未來科技發展的圖片或影帶。

四、寫作方式：

散文式寫作方式。

五、教學過程：

1. 教師以有關外太空及未來科技發展情形的圖片或錄影帶，引發學生的興趣。
2. 教師引導全班學生討論西元二〇一〇年的人類世界是一個什麼樣的景像，例如：
   (1) 人類的食、衣、住、行、育、樂的方式如何？
   (2) 你個人的家庭、工作、生活……等情形如何？
3. 每一位學生寫作一則他所預測的「西元二〇一〇年的新世界」的作文。

西元二〇一〇年

望著天空，太空梭到處飛來飛去，太空巴士不停的由地球開向各星球，這時已看不到飛機了，因為飛機已經是十分落伍的交通工具。我家隔壁的小孩，有一次聽我提起飛機，不覺好奇的問：「伯伯！什麼是飛機？」我笑嘻嘻的回答：「飛機就等於是現在的嬰兒車。」汽車啦、輪船啦、飛機、脚踏車、三輪車、摩托車……等，現在都進了博物館，像一部摩托車，底價就是五百億太空幣（一太空幣折合一九八二年的貨幣值，等於一千美元）。

看著外面，房子越來越少，二十幾年前，地球上的人實在太多了，房子也相當多。如今，大家都往各星球去發展了，而我却留在地球上，人也逐漸減少，紐約、東京、漢城、倫敦、巴黎……等城市，現在已經沒落了。

我現在已四十歲，我的父母親、爺爺、奶奶、兄弟姊妹都還健在，因爲在這個二十一世紀，人類壽命延長，且地球上的任何病菌都被消除，從此人類絕無病菌。

我正在國家航空暨太空總署工作，我爲什麼會選擇走這條道路呢？因爲我從小就對科技特別有興趣，尤其以太空更爲有興趣，所以我就時常夢想：假如我是一個太空人，駕著太空梭、火箭船在太空中翺翔，那該有多好！現在，我終於按照我的希望，到了這個地方工作，爲此，我拼命吸收這方面的知識，如今，我成功了，太空總署署長指定我爲第十二號星球探險工作的太空人，從此，開始接收多項太空人的訓練，其中包括無重、冷、熱、機件操作、……的種種訓練。

探險日期到了，我搭上太空梭準備昇空。我靜靜的看著計時錶：三十一秒、三十秒、二十九秒、二十八秒……，此刻我正懷著忐忑不安的心情，想著：究竟會成功呢？還是失敗？再看一下計時錶：十一秒、十秒……已進入紅色狀況，我一手緊握控制桿，另一手準備按發射鈕。三、二、

一、〇！壓下按鈕，控制桿往上一推，一股強大的力量把我送上太空了，我不時和地球聯絡，表示一切順利，飛行了兩天，通過十一星二萬六千公里處，忽然一聲巨響，儀表上的指針亂跳，一切亮起紅燈，立刻檢查故障處，結果是引擎出毛病，尾部頓時冒黑煙，我只好馬上逃生了，幸好我的座艙下連著逃生艇，按下緊急鈕，就脫離了太空梭，逃到了二〇八號太空站，撿回一條命。

由於任務沒達成，心裏很不是滋味，因此決定非把這件工作做好，所以向太空站借了一艘太空船，前往第十二號行星，這次果然成功了，我發現這兒的資源比任何一星球豐富，地形、氣候、空氣……任何條件都比地球優良，是一個很好的殖民地。我非常高興，我終於爲人類做了一件有意義的事。

回到地球之後，我決定做個藝術家，因爲我擅長美術，我希望好好的畫，把整個宇宙的一切，以及我的遊歷，用最美麗的色彩，表現在我的筆下，讓全人類都知道，這個奇妙、廣大的宇宙，是需要我們一起去開發，地球已老化，所有的資源都全部採完了，能源發生短缺，應儘快開拓整個太空，我們才能生存。願我們每個人，都能爲全人類及下一代，把握這個新世紀，努力研究，進步再進步，向這廣大無邊的宇宙，作更深入的發展，使所有的人類，邁向新的境界！

（台北市中山國小　資優班　陳冠州）

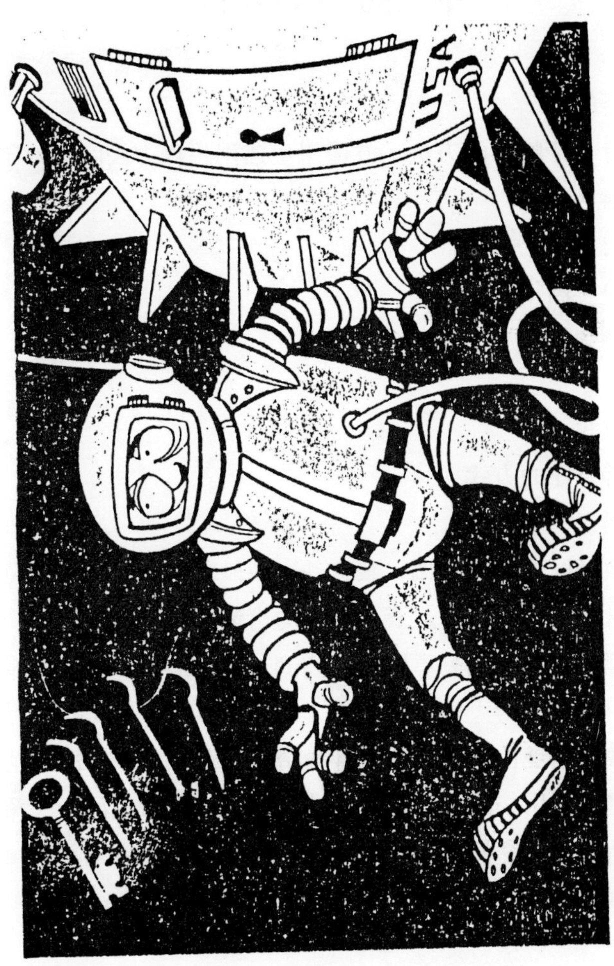

（取自Turner， 1978， P.85 ）

單元90：回到過去

一、實施目的：

應用時、空轉移的方法，鼓勵學生運用想像力去回想幼年階段的種種事情。

二、實施對象：

國小中、高年級以上。

三、課前準備：

四、寫作方式：

採段落寫作的方式。

五、教學過程：

1. 教師以自己爲實例，敘述幼年階段的種種記憶最深刻，令自己感覺歡笑、悲哀、感動的事情。
2. 讓學生把時光列車倒開，回到幼年的階段，想一想童年的可歌可泣的大事。
3. 教師請幾位學生口述一件最令自己高興或傷心的事情。
4. 請學生用一段文章，來描述「小時候」的生活，文章愈清新、有趣愈好。

六、教學實例：

1. 小時候，常幻想著世界的動態及人類的模樣；幻想著爸爸是總統、媽媽是天使、祖父是玉皇大帝、祖母是王母娘娘……。（**中山國小　游宗儒**）
2. 小時候，我是一個小搗蛋，有一次跟姊姊去吃蛇肉，回來故意在吃素的奶奶臉上，親了一下，可憐的奶奶，到浴室去拼命擦洗了好幾下。（**中山國小　陳美吟**）
3. 小時候，爬在大榕樹上，望著一片矮房子，總覺得自己是人中之王，一切都在我的控制之下……。（**中山國小　何宇明**）

參考書目

一、中文部分

王萬清（民 81）：寫作教學，私人提供的資料。

呂勝瑛、翁淑緣譯（民 71）：創造與人生。台北市，遠流出版社。

林亨泰、彭震球（民 67）：創造性教學法。台北市，國立台灣師範大學出版。

林幸台（民 62）：創造性教學對才賦優異者創造力發展的影響。師大教育研究所碩士論文。

吳靜吉（民 65）：分歧式和連鎖式的聯想訓練對創造思考的影響。國立政治大學學報，33 期，第 45～71 頁。

吳靜吉（民 70a）：拓弄斯語文創造思考測驗（乙式）指導及研究手冊。台北市：遠流出版公司。

吳靜吉（民 70b）：拓弄斯圖形創造思考測驗（甲式）指導及研究手冊。台北市：遠流出版公司。

郭有遹（民 72）：創造心理學。台北市：正中書局。

韋政通（民 71）：學習與創新。中國論壇，14 卷二期，第一頁。

陳文雄（民 63）：創造力與創造性人格之研究。師大教育研究所集刊，17 輯，第 107～193 頁。

陳弘昌（民 80）：國小語文科教學研究。台北市：五南出版社。

陳英豪、吳鐵雄和簡真真（民 69）：創造性思考與情意的教學。高雄市：復文出版社。

陳榮華、林建平（民 74 ）：資優兒童的語意擴散思考能力之研究。載於中國特教學會主編：展望新世紀的特殊教育。

陳樹勛（民 58 ）：創造力發展方法論。台北市：中華企業管理發展中心。

陳龍安（民 72 ）：托浪斯圖形創造思考測驗乙式的施測和評分指導。台北市立師專出版。

陳龍安（民 73 ）：創造性教學的策略㈠—基爾福特的模式。台北市立師專出版。

徐玉琴（民 64 ）：人格特質和腦力激盪術對創造思考的影響。政大教育研究所碩士論文。

張玉成（民 72 ）：教師發問技巧及其對學生創造思考能力影響之研究。師大教育研究所博士論文。

張春興、林清山（民 64 ）：教育心理學。台北市：東華書局。

張春興（民 64 ）：心理學。台北市：東華書局。

張新仁（民 81）：寫作教學研究——認知心理學取向。復文出版社。

曾信雄（民 71 ）：突破作文教學的瓶頸。國教世紀， 17 卷十一期，第 15 ～ 16 頁。

賈馥茗（民 59 ）：創造能力發展之實驗研究。師大教育研究所集刊， 12 輯，第 149 ～ 241 頁。

賈馥茗（民 61 ）：發展創造才能的教學。載於中國教育學會主編：教學研究。台北市：商務出版社。

蔡伸章譯（民 61 ）：未來的衝擊。台北市：志文出版社。

劉英茂（民 72 ）：托浪斯創造性思考測驗（語文甲式）指導手册。台北市：中國行爲科學社。

簡茂發（民 71 ）：我國資賦優異兒童創造思考能力之研究。師大教育心理學報，第 15 期，第 97 ～ 110 頁。

譚達士（民 64 ）：作文教學方法革新。台灣省國民教育輔導叢書，台灣省教育廳編印。

二、英文部分

Akers, D. (1981) Teacher behaviors that enhance creativity. G/C/T, 16,47.

Alexander, T. (1965) Inventing by the madness method. Fortune, 72(2), 165-194.

Alieldin, M.T. (1978) Torrance indicators of creative thinking: a developmental study. Doctoral dissertation, University of Georgia.

Ashe, M.R.P. (1965) A study of change measured personality adjustment and release of creativity through freedom of expressions in writing. Dissertation Abstracts International, 26, 860-1A.

Carter, J.M. (1983) Creative letter writing for the gifted and talented. The Creative Child And Adult Quarterly, 8, 92-95.

Coleman, D.R. (1982) The effects of pupil use of a creative writing scale as an evaluative and instructional tool by primary gifted students. Dissertation Abstracts International, 42, 3409A-3410A.

Crawford, R.P. (1954) The techniques of creative thinking. New York: Hawthorn Books.

Davis, G.A. (1981) Personal thinking techniques. Gifted Child Quarterly, 25, 99-101.

Davis, G.A. & Scott, J.A. (1971) Training creative thinking, New York: Holt, Rinehart and Winston, Inc.

Domino, G. (1979) Creativity and the home environment. The Gifted Child Quarterly, 23, 818-828.

Finn, J.L. (1981) Sowing the write seeds: Creative writing for the gifted. G/C/T, 18, 51-53.

Flower, L. S. & Hayes, J. R.（1980）. Identifying the organization of writing processes, In L. W. & E. R. steinberg（Eds）Cognitive Processes in Writing. Hillsdale, N, J.：Lawrence Erlbaum Associates.

Forman, S.G., & Mckinney, J.D. (1978) Creativity and achievement of second graders in open and traditional classrooms. Journal of Educational Psychology, 70, 101-107.

Gagn'e E. D.（1985）. The Cognitive Psychology of School learning.. Boston：Little, Brown and Compony.

Gilchrist, M. (1972) The psychology of creativity Melbourne University Press.

Guilford, J.P. (1967) The nature of human intelligence. New York: McGraw-Hill.

Guilford, J.P. (1977) Way beyond the IQ. Buffalo, New York: Creative Education Foundation, Inc.

Guilford, J.P. (1968) Intelligence, creativity and their educational implication. California: Rocert R. Knopp.

Gordon, W.J.J. (1961) Synectics. New York: Harper & Row.

Gowan, J.C., & Olson, M. (1979) The society which maximizes creativity. Journal of Creative Behavior, March 13, 194-21°.

Jackson, W.S. (1981) Creativity training's effect on poetry writing. Dissertation Abstracts International, 42, 2047A.

Kenny, A•(1982) Guiding the gifted: self-awareness through creative writing. G/C/T, 23, 9-10.

Lowery, J. (1982) Developing creativity in gifted children. Gifted child Quarterly, 26, 133-139.

Lytton, H. (1971) Creativity and education. Routledge & Kegan Paul Ltd..

Mayer, R. E. (1987). Educational Psychology：A Cognitive Approach. Boston：little, Brown and Company.

McAuliff, J.H. & Stoskin L. (1987) Synectics the creative connection. G/C/T, July/August,

18-20.

Osborn, A.F. (1963) Applied imagination. New York: Charles Scribiner's Sons.

Parnes, S.J., & Harding, H.F. (1962) Can creativity be increased? A source book for creative thinking. New York: Scribner.

Parnes, S.J., & Noller, R.B. (1972a) Applied Creativity: The creative studies project, part 1-The development. Journal of Creative Behavior, 6(1), 10-22.

Parnes, S.J., & Noller, R.B. (1972b) Applied creativity: The creative studies project, part II-Results of the two-year program. Journal of Creative Behavior, 6(3),164-187.

Parnes, S.J., & Noller, R.B. (1972c) Applied Creativity: The creative studies project, Part III-The curriculum. Journal of Creative Behavior, 6(4), 275-292.

Parnes, S.J., & Noller, R.B. (1973) Applied creativity: The creative studies project, Part IV-Personality findings and conclusions. Journal of Creative Behavior, 7(1), 15-37.

Peice , C.L. (1983) The relationship of television viewing, reading and the home environment to children's creativity, creative writing and writing ability. Dissertation Abstracts International, 43, 2146A-2147A.

Poole, M. (1980) Creativity across the curriculum. Boston: George Allen & Unwin.

Prince, G.M. (1968) The operational mechanism of synectics. Journal of Creative Behavior, 2, 1-13.

Royer, R. (1982) Creating writing assignments for the gifted. G/C/T, 21, 28-30.

Schleifer, B. (1981) How creative are you? New York: Eugune Raudsepp.

Sisk, D. (1982) News around the world. Gifted Educational International, 1, 38-40.

Smith, E. (1987) Writing is for reading; a creative writing program in the primary school. G/C/T,July/August, 8.

The Advanced Technology Staff (1963) Bionics. Engineering Digest, Aprial, 21-25.

Torrance, E.P. (1970) Encouraging creativity in the classroom. Dubuque, Olowa: Wm. C. Brown Company Publishers.

Torrance, E.P. (1965) A new-movement in

education: Creative development. Boston: Ginn & Company.

Torrance, E.P. (1967) Nurture of creative talents, *Theory into practice*, *5*, 168-202.

Torrance, E.P. (1968) Examples and rationales of test tasks for assessing creative abilities. *Journal of Creative Behavior*, *2*, 165-178.

Torrance, E.P., & Myers, R.E. (1972) *Creative learning and teaching*. New York: Dodd, Mead & Company.

Torrance, E.P. (1975) Socio drama as a creative problem solving approach to studying the future. *Journal of Creative Behavior*, *9*, 182-195.

Torrance, E.P. (1978) Five models for constructing creativity instructional materials. *Creative Child and Adult Quarterly*, *3*, 8-14.

Torrance, E.P., & Torrance, J.P. (1978) Developing creativity instructional materials according to the Osborn-Parnes Creative Problem Solving model. *Creative*

Child and Adult Quarterly, 3, 19-29.

Torrance, E.P. (1979) Developing creativity instructional materials according to the sociodrama model. Creative Child and Adult Quarterly, 1. 9-19.

Torrance, E.P., & Ball, O.E. (1984) Torrance tests of creative thinking streamlined revised manual including norms and directions for administering and scoring figural A and B. Bensenville, IIlinois: Scholastic Testing Service, Inc..

Turner, T.N. (1978) Creative activities resource book for elementary school teacher. Reston, Virginia: Reston Publishing Company, Inc. A Prentice-Hall Company.

Weinstein, J.B., & Bobko, P. (1980) The relationship between creativity and androgyny when moderated by an intelligence threshold. Gifted Child Quarterly, 24, 162-165.

Williams, F.E. (1970) Classroom ideas for encouraging thinking and feeling. New York: D.O.K. Publishers, Inc..

Williams, F.E. (1982) Developing children's creativity at home and in school. G/C/T, 21. 3-5.

Willman, C.T., & Cutteridge, D. (1981) Creative thinking and moral reasoning of academically gifted secondary school adolescents. Gifted Child Quarterly, 25, 149-153.

Wright, B.A. (1982) Common characteristics in the educational backgrounds of highly creative children and their preferences regarding classroom. Dissertation Abstracts International 42, 3865A-3866A.

國家圖書館出版品預行編目資料

創意的寫作教室／林建平編著--再版.--
臺北市：心理，民 86 印刷
面；　　公分.--（潛能開發系列；2）
參考書目：面
ISBN 978-957-702-106-9（平裝）

1. 小學教育一教學法　2. 中國語言一作文
3. 創造

523.313　　86002536

資優教育 4　創意的寫作教室

編　　者：林建平
總 編 輯：林敬堯
發 行 人：洪有義
出 版 者：心理出版社股份有限公司
社　　址：台北市和平東路一段 180 號 7 樓
總　　機：(02) 23671490　　傳　　真：(02) 23671457
郵　　撥：19293172　心理出版社股份有限公司
電子信箱：psychoco@ms15.hinet.net
網　　址：www.psy.com.tw
駐美代表：Lisa Wu　tel: 973 546-5845　fax: 973 546-7651
登 記 證：局版北市業字第 1372 號
印 刷 者：玖進印刷有限公司
初版一刷：1989 年 3 月
二版一刷：1994 年 9 月
二版八刷：2007 年 9 月

定價：新台幣 220 元

ISBN 978-957-702-106-9

讀者意見回函卡

No. ______ 填寫日期： 年 月 日

感謝您購買本公司出版品。為提升我們的服務品質，請惠填以下資料寄回本社【或傳真(02)2367-1457】提供我們出書、修訂及辦活動之參考。您將不定期收到本公司最新出版及活動訊息。謝謝您！

姓名：______________ 性別：1□男 2□女

職業：1□教師 2□學生 3□上班族 4□家庭主婦 5□自由業 6□其他____

學歷：1□博士 2□碩士 3□大學 4□專科 5□高中 6□國中 7□國中以下

服務單位：____________ 部門：________ 職稱：________

服務地址：______________ 電話：______ 傳真：______

住家地址：______________ 電話：______ 傳真：______

電子郵件地址：______________________

書名：______________________

一、您認為本書的優點：（可複選）

❶□內容 ❷□文筆 ❸□校對 ❹□編排 ❺□封面 ❻□其他____

二、您認為本書需再加強的地方：（可複選）

❶□內容 ❷□文筆 ❸□校對 ❹□編排 ❺□封面 ❻□其他____

三、您購買本書的消息來源：（請單選）

❶□本公司 ❷□逛書局⇨______書局 ❸□老師或親友介紹

❹□書展⇨____書展 ❺□心理心雜誌 ❻□書評 ❼其他________

四、您希望我們舉辦何種活動：（可複選）

❶□作者演講 ❷□研習會 ❸□研討會 ❹□書展 ❺□其他______

五、您購買本書的原因：（可複選）

❶□對主題感興趣 ❷□上課教材⇨課程名稱______________

❸□舉辦活動 ❹□其他______________

（請翻頁繼續）

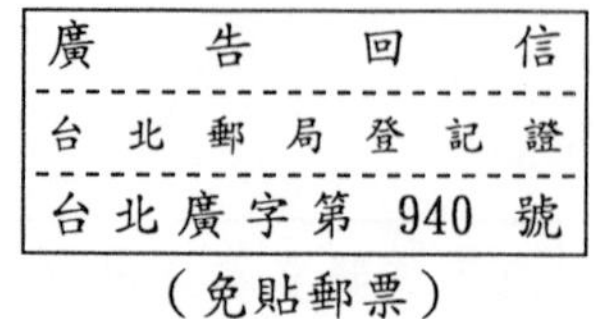

（免貼郵票）

心理出版社股份有限公司
台北市 106 和平東路一段 180 號 7 樓

TEL: (02) 2367-1490
FAX: (02) 2367-1457
EMAIL:psychoco@ms15.hinet.net

沿線對折訂好後寄回

六、您希望我們多出版何種類型的書籍

❶□心理 ❷□輔導 ❸□教育 ❹□社工 ❺□測驗 ❻□其他

七、如果您是老師，是否有撰寫教科書的計劃：□有□無

書名／課程：______________________________

八、您教授／修習的課程：

上學期：______________________________

下學期：______________________________

進修班：______________________________

暑　假：______________________________

寒　假：______________________________

學分班：______________________________

九、您的其他意見

謝謝您的指教！　62004